本書爲二〇一七—二〇一九年中國文化遺産研究院科研課題「院藏清陳介祺金石學資料整理研究」（課題編號2017-JBKY-13）成果之一

本書得到國家「古文字與中華文明傳承發展工程」支持

古陶文

上

赫俊紅 主編

中華書局

圖書在版編目（CIP）數據

陳介祺拓本集．古陶文 / 赫俊紅主編．－北京：
中華書局，2024.12
（陳介祺手稿拓本合集）
ISBN 978-7-101-16503-6

Ⅰ．陳… Ⅱ．赫… Ⅲ．陶文－拓片－中國－
古代－圖集 Ⅳ．K87

中國國家版本館 CIP 數據核字 (2023) 第 242947 號

書　　名	陳介祺拓本集・古陶文（全三册）
叢 書 名	陳介祺手稿拓本合集
主　　編	赫俊紅
責任編輯	許旭虹　吴麒麟
裝幀設計	許麗娟
責任印製	陳麗娜
出版發行	中華書局
	（北京市豐臺區太平橋西里38號 100073）
	http: // www. zhbc. com. cn
	E-mail: zhbc@zhbc. com. cn
印　　刷	北京雅昌藝術印刷有限公司
版　　次	2024年12月北京第1版
	2024年12月北京第1次印刷
規　　格	開本889×1194毫米　1/8
	印張121½
國際書號	ISBN 978-7-101-16503-6
定　　價	4800.00元

緒言　清代陳介祺的金石鑒藏與傳拓

陳介祺（一八一三—一八八四，字壽卿，號簠齋）二十歲左右開啓了他的金石人生，五十餘載傾心致力於金石古器的鑒藏考釋和傳拓賡續，其成就可謂傳統金石學發展歷程上的一座豐碑。

簠齋在清咸豐四年（一八五四）引退歸里山東濰縣之前，所收藏的吉金、古璽印及金文拓本已初具規模，其中吉金一百三十餘器，包括西周毛公鼎（圖一）、天亡毁（圖二）等重器，古璽印二千餘方，金文拓本七百餘種。他以拜見、過訪、書函等方式與當時諸多金石前輩或同好，如阮元、張廷濟、徐同柏、劉喜海、吴式芬、李璋煜、許瀚、翁大年、何紹基、吕佺孫、吴雲、陳畯、釋達受等，在收藏、鑒考和傳拓方面均有不同程度的交流和切磋。

簠齋歸里後至光緒十年（一八八四）去世的三十年間，從其治金石的成就來看，可分爲早中晚三個時段。早期爲咸豐五年至十一年（一八五五—一八六一）的六七年間，簠齋暫居鄉野，因時局動蕩，家室未安，治金石雖偶有收穫，但比較有限。中期即同治元年至十年（一八六二—一八七一），簠齋還居城内，新建宅第，儘管時局不穩，家事多艱，地處僻壤交游不便，但在金石的鑒藏、研究和承續上已逐漸形成獨特的傳古理念。晚期爲同治十一年至光緒十年（一八七二—一八八四）的十多年間，簠齋在同治十年連遭喪妻失子之悲後，更傾心於金石之業，無論是在收藏品類的廣度和深度上，還是在金文考釋著述、金石製拓技藝的传承創新上，皆成就顯著，後人難以望其項背。同時，他與仕宦吴雲、潘祖蔭、吴大澂、鮑康、王懿榮等金石同好頻頻通函，交流探討治金石文字之學的心得和經驗，並不遺餘力地藉助傳拓來踐行金石文化的推廣和傳承。

一、簠齋的金石鑒藏及傳古觀

清代中晚期，金石鑒藏已成爲書畫收藏之外的重要門類。簠齋喜古書畫，更嗜金石古器及拓本，同治十二年七月廿九日致吴雲札云：「書畫之愛，今不如昔。以金文拓本爲最切，其味爲最深厚，石鼓秦刻漢隸古拓次之。」[一]他一生收藏的金石器在品類及數量上是個動態的過程，當經歷了咸豐同治年間的社會動蕩，感到幾十年來的積藏命運叵測時，他决意用傳拓的方式將私藏與海内同好共享，遂經年不斷費盡心力地延聘工友拓製所藏金石璽印以贈友好或售直助拓以傳古[二]。簠齋將所製拓本用毛頭紙包裝起來，隨手將考釋及各事題於包裝紙上[三]。據曾負責保管簠齋拓本箱及手稿的陳繼揆（一九二一—二〇〇八）先生統計，「僅舉其有銘文者，商周銅器二百四十八件，秦漢銅器九十七件，石刻一百一十九件，磚三百二十六件，瓦當九百二十三件，銅鏡二百件，璽印七千餘方，封泥五百四十八方，陶文五千片，泉鏡鏃各式範一千件，銅造像無目不計」[四]。簠齋得器的主要途徑有購自市肆、得自舊藏家、親友饋贈、與藏友交换、托古董商或友人代爲尋購等。簠齋在歸里濰縣之前，多着力於古璽印及吉金彝器等鐘鼎重器的收藏，歸里後受限於經濟及地理因素，更多地關注齊魯地區出土的秦漢磚瓦石刻等，尤其是最早敏鋭地發現、收藏及研究古陶文。簠齋對藏品的尋覓選擇，無不體現其求真尚精、重文字、傳文脈的傳古思想和觀念。

（一）求真與尚精

簠齋的求真與尚精觀，貫穿於他對器物的鑒藏以及對器形和文字等信息的複製和保存中。他認爲「傳古首在别僞，次即貴精拓、精摹、精刻，以存其真」。也就是説，簠齋既重視器物本體的真實性，又重視器物文化信息在存留傳承過程中的真實性。前者要靠較高的學識和認知來去僞汰疑，後者要靠精微的工藝來實現。

就簠齋的藏器而言，在得自劉喜海舊藏的二十多件吉金中，他認爲益公鐘「疑陝僞」（圖三），雙耳壺「字僞」（圖四）[五]。簠齋與潘祖蔭等同好在通函中提及所藏的「十鐘」、「十一鐘」並不包括益公鐘[六]。對於他人所藏僞器或不真之器，簠齋也不諱言。同治十二年七月，他在得閲潘祖蔭《攀古樓彝器款識》和吴雲《兩罍軒彝器圖釋》刊本後，直言不諱地力勸二人要淘汰僞器和可疑之器，「以欲存古人之真」[七]，以免誤導後人。

[一]（清）陳介祺著、陳繼揆整理：《秦前文字之語》，齊魯書社，一九九一年，第二三九頁。
[二]（清）陳介祺《傳古小啓》（初稿），（清）陳介祺著、赫俊紅整理：《陳介祺手稿集》第四册，中華書局，二〇二三年，第九三二頁。
[三]（清）陳介祺著、陳繼揆整理：《簠齋金文題識》序，文物出版社，二〇〇五年。
[四]《秦前文字之語》前言，第三頁。
[五]中國文化遺産研究院藏五册精裝本《簠齋藏吉金拓片》（登録號00995）中益公鐘、雙耳壺拓本的背面題字。
[六]赫俊紅：《陳介祺藏鐘及對潘祖蔭部鐘的考釋》，載《文物天地》二〇二二年第一期。
[七]簠齋同治十三年二月十三日致鮑康札，《秦前文字之語》，第一八六頁。

圖一　西周毛公鼎全形拓初拓本（陳進藏）

圖二　西周天亡毁全形拓

圖三　簠齋疑僞器益公鐘全形拓及背面題字

圖四　簠齋疑僞器雙耳壺全形拓及背面題字

他的這種汰僞去疑的存真觀，在致潘祖蔭、王懿榮、吴雲的信札中多有體現，同治十三年八月廿一日致潘祖蔭札中更是直言：「愚者之實事求是，良可哂也。其望當代之大收藏家專傳所得至可信之品，而不敢言可汰者，則其誠亦可憫矣。」[一]

簠齋對於藏器不僅求真，還力求「精」和「古」，即重視藏器的時代性和代表性。他認爲「多不如真，真不如精，古而精足矣，奚以多爲。得可存者十，不如得精者一」[二]。故鮑康（一八一〇—一八八一）評曰：「壽卿所藏古器無一不精，且多允推當代第一。」[三]簠齋求真尚精觀在傳拓方面的體現，將在下文述及。

（二）重文字與傳文脉

簠齋治金石的最大特點是重視文字，一是重文的義理，二是重字的本身。簠齋各品類的收藏皆因文字而起意，尤其好三代吉金文字，他在囑托西安古董商蘇億年代爲覓器時寫道：「以字爲主，式樣次之，顔色花文又次之。只好顔色而字遜者亦甚不必争。天地間惟以字爲重，字以古爲重。時代愈晚愈輕。印自不如古器，而費又多。雖費多而不能敵一重器，私印尤不敵官印。余收古物以印之費爲多，而愛之則不如三代器，愈老愈愛三代古文字拓本也。……如有再出字多之器，千萬不可失之。切屬切屬！千萬千萬！」[四]簠齋對商周秦漢歷代金文的信息特點有中肯的歸納：「金文以三代文字爲重，秦無文字，漢器之銘無文章，記年月、尺寸、斤兩、地名、器名、官名、工名而已，後世則並此而無之矣。」[五]

三代金文之所以重要，是因爲簠齋認識到商周金文是秦燔之前的「古文字真面」，是探究先秦社會歷史的原真性資料。秦代是中國社會歷史遞變的一個重要節點，秦燔加劇了後世與周文化之間的斷裂，「秦以前是一天地，同此世界，而與後迥不同」。而久埋地下被不斷發現的吉金銘文，刷新着有識之士對古史的認知。簠齋認爲「三代器之字，皆聖人所製。其文亦秉聖人之法，循聖人之理。亦有聖人之言，特不過是古人之一事耳」[六]。相較於漢儒整理輯存的先秦文獻，有些吉金重器的銘文甚至可稱爲「真古文尚書者」。正是這種對商周金文原真性史料價值的清晰認識，促使他數十年不間斷地對自藏周毛公鼎、天亡毁和戰國區鍨，潘祖蔭藏盂鼎、郘鐘、尨姞毁，以及吴雲藏齊侯罍等重器銘文進行研究和考釋，目的是欲求古人之理，明古人之心。他在同治十年毛公鼎銘考釋之初創稿的題記中寫道：「明聖人之理，然後可以知聖人之心。知聖人之心，然後可以論聖人之事。」[七]

金石文字還是簠齋鑒定古器真僞的核心要素。他認爲「古器字既著録傳後，必先嚴辨真僞，不可説贋」，還提出了鑒别真僞的要訣，一方面是從解讀字詞和篇章的角度，不僅要重釋字訓詁，更要重篇章結構，要能貫通古人之文理文法，即「以文定之」；另一方面是從解析文字書寫的角度，要精熟古人之行字用筆，即「以字定之」[八]。他在致潘祖蔭等人的信札中也多有類似言論：「收古器則必當講求古人作篆用筆之法，知之然後可以判真贋。」「論文字以握論器之要。」「近日作僞至工，須以作字之原與筆力别之，奇而無理，工而無力，則其僞必矣。」「識得古人筆法，自不至爲僞刻所給，潛心篤好，以真者審之，久能自别。」

簠齋重視文字還體現在對金文新舊拓本不遺餘力的搜集上。歸里前，他將所藏三代器文拓本七百餘種裝幀成册，後來鼓動各大藏家彙集所藏金文拓本編纂字學辭典《説文統編》，以校訂和補充漢代許慎的《説文解字》。同治十一年十月十四日簠齋致鮑康札云：「今人論書，必推許氏，然許書已非真本，豈能如鐘鼎爲古文字廬山真面。當以今世所傳金文千餘種，合古書帖，編增許書。鐘鼎之外，惟古刀幣及三代古印耳，是當並補許書中。豈可不精摹而使再少失真，日後又無從仿佛邪。好古家刻書，每患已見之陋而沮，愚謂刻摹精審，則天下後世，皆得借吾刻以考證，又何必因噎而使錯過失時。惜乎，燕翁不明此理，而徒以玩物畢一生之精力而一無所傳也。」[九]

劉喜海（一七九三—一八五二，號燕庭）富藏金石，簠齋所藏鐘鼎、秦量詔銅版等重要器物皆得自劉氏舊藏，他對劉氏所藏未能廣佈傳播並惠及後世深感惋惜，並引以爲戒。簠齋在刻成於同治十二年的《傳古小啓》中，很明確地表達了將私藏金石文字以傳拓的方式化爲公器的傳古觀念。他寫道：「天地古今所傳文字耳。大而精者義理，小而粗者文字，無文字則義理亦不著矣。余收金石古文字四十年餘，歸里來以玩物例屏之。同治丁卯，青齊息警後，自念半生之力既糜於此，三代古文字猶是漆簡真面目，非玩物比也。時代限之，以次而降。今不如古，不能相强。雖一藝，古文字亦可珍也。檢視所藏，尚少贋字。拓傳，公諸海内。」[十]

二、簠齋的金石傳拓及拓工

（一）精拓多傳

簠齋鑒藏金石的最終目的，是要憑藉文字來揭示古人之義理，傳承接續先賢之文脈。此外，他傳承文脈的另一重要方式是以傳拓來存續文字信息，尤其是在經歷動盪亂世之後，他深感古器存世無常，傳拓之

[一]《秦前文字之語》，第三三頁。
[二]簠齋同治十二年七月十日致潘祖蔭札之附箋，見《秦前文字之語》，第四頁。
[三]（清）鮑康：《續叢稿》第三七頁，「再題壽卿瓦當拓册」一則，載《觀古閣叢刻》，清同治光緒間刻本。
[四]羅宏才：《新發現的兩通陳介祺書信》，載《文物》一九九五年第一期。
[五]簠齋同治十二年八月（廿九日）致潘祖蔭札之附箋，《秦前文字之語》，第九頁。
[六]《金文宜裝册》，《陳介祺手稿集》第四册，第九七四頁。
[七]《周毛公厝鼎銘釋文》（初創稿），《陳介祺手稿集》第一册，第三七頁。
[八]《古器説》，《陳介祺手稿集》第四册，第九七六頁。
[九]《秦前文字之語》，第一四五至一四六頁。燕翁，指劉喜海。
[十]《傳古小啓》，《陳介祺手稿集》第四册，第九三二、九三八頁。

志更加堅定和迫切，不惜傾盡心力，延聘和培養拓工，將積藏半生的金石以傳拓方式來記録和保存古器之真形、古文字之真面，甚至不恥以售拓的方式來籌資助拓，從而更廣泛地傳播和光大了金石文化。

在藏器、製拓與傳古的關係上，簠齋認爲要「精拓多傳」，「使今日後日知之，勿以拓之不易而靳之也」[一]。若有藏器而不拓傳則若無器，「不拓則有若無，拓傳而古人傳，則藏者能以古文字公海内矣」[二]。

在製拓工藝上，他亦講求「真」與「精」。就金石文字而言，真與精體現在剔字時對字之邊際的明辨，以及拓字時對拓包、墨、紙、水之間濃淡乾濕及手法的掌控上[三]。就吉金全形拓而言，體現真與精的關鍵之處，一是器形的整體真實感，二是分紙局部拓出再綴合，三是精細與傳神。簠齋的吉金全形拓圖像具有真實、端莊、古雅和滄桑的特點，體現了他對吉金彝器功能及性質的理解，實現了全形圖像製拓工藝上的傳承和創新。

具體而言，當時製作器物拓本大致有兩種樣式，一是釋達受（字六舟）的整拓法，一是陳克明（字南叔）和陳畯（字粟園）的分紙綴合拓[四]。簠齋居京時，與達受、陳畯皆有往來交流，熟知其不同拓法，認爲前者「完紙成之，尤極精能，雖有巧者不能出其心思已」，「似巧而俗，不入大雅之賞」[五]；後者「從器上拓出而形象曲合」，且「遍觀所拓，古雅静穆，真不啻在三代几席間也」[六]。

簠齋的全形拓延承了陳畯的分拓綴合法，並探索利用洋照的優勢於拓圖之中。他在同治十一年（一八七二）九月至光緒元年（一八七五）七月間致吴雲、王懿榮、吴大澂、潘祖蔭的信札中，多次提及對傳入中國的西洋照相術成像特點的理解和審美，積極倡導利用洋照來拍攝古器、書畫碑帖，以保存和傳承中國之藝文。他認爲洋照拍攝出的古器圖，形象逼真，但其景深前大後小（或近大遠小），有失器之神態，且花紋不清晰，故作器圖時要不拘洋照，中西結合，即取洋照之形式，並據器之曲折處審校，修補必須表現而照圖中没有之處，再結合墨拓花紋等局部進行綴合[七]。同治十三年（一八七四）十二月二日、光緒元年（一八七五）正月二十日，簠齋致潘祖蔭的兩札中，建議潘氏用洋照與墨拓相結合的方法作盂鼎圖。

縱觀簠齋吉金全形拓圖，其視覺真實性的達成，一方面在構思上，是將器物在多視點平視下的正投影與俯視下的前後陰陽及比例關係相融合；在工序上，先依器之耳、足、口沿、腹身等不同部位用極薄細軟的紙分别拓出，再將其按擬定的視覺關係綴合黏貼在作爲襯紙的宣紙上。另一方面，拓墨的濃淡相間施用，精微地凸顯出器之口沿、耳、足、提梁、腹部扉棱、花紋等的立體質感，結合器内外素面處的淡墨平拓，間以斑駁印迹，使得青銅彝器的立體、厚重感躍然紙上，並在呈現視覺真實性的同時，透出一種古雅的文人化的審美氣息。

約在同治十三年，簠齋將平日所知所得以及既可保護好古器又能製出精拓的要訣寫成《傳古别録》，由潘祖蔭代爲刊佈。吴大澂（一八三五—一九〇二）盛贊簠齋道：「三代彝器之富，鑒别之精，無過長者。拓本之工，亦從古所未有。」「然非好之真，不知拓之貴，亦不知精拓之難。」簠齋這種記録和呈現吉金古器的傳拓方法，突破了北宋《宣和博古圖》和清乾隆朝《西清古鑒》[八]中僅靠摹繪古器輪廓形象和紋飾的製圖局限，達到了真實性與藝術表現性的統一。

簠齋藏器及拓本的品類和數量，在不同時段會有差異。同治十一二年間簠齋在《傳古小啓》中開列了當時可售直的拓本清單：鐘拓十種，三十字以上彝器及秦器拓共約四十種，三代彝器拓大小殘缺約一百五十種，三代秦漢六朝古銅器小品及銅造像拓本約百種内，古刀布及泉拓最瑣屑而未列數量，泉範拓百餘種，漢鏡拓百餘種，秦漢瓦當及瓦字拓百種内，漢魏六朝磚拓百餘種，六朝唐宋元石拓約百種内，《十鐘山房印舉》六函（後改爲八十册八函）。此外，簠齋在致友人信札並寄贈拓本時，也偶有提及某類拓本全份的數量。目前在陳進先生處可得見陳氏家藏拓本目録，其中《十鐘山房藏古目》列有商周、秦漢銘文銅器三百四十五種，《鏡拓全目》有銅鏡二百種，《瓦拓全目》有瓦拓九百二十四種，《專拓全目》列秦漢、南北朝古磚三百二十三種，《十鐘山房藏石目》有東漢至宋金刻石及造像一百一十八種。

（二）簠齋的拓工

簠齋最早的傳拓助手是陳畯（字粟園，海鹽人）。簠齋居京期間與陳畯交往，較早的交往記録見簠齋道光二十一年（一八四一）所作的《虢季子白盤釋記》，其中提及劉喜海囑其友粟園手拓盤銘以其一贈簠齋，陳畯六月到京，兩人「相從論古以永日」。咸豐元年（一八五一）前後，簠齋請粟園移榻家中，助拓《簠齋印集》十部[九]。簠齋認爲粟園性情「静專」[十]，拓工至精，很欣賞其全形製拓中能保留古器之真的做法，

[一] 簠齋同治十三年六月十三日致吴雲札，見《秦前文字之語》，第二五四頁。
[二]《古器説》，《陳介祺手稿集》第四册，第九七九頁。
[三] 見《傳古别録》中「剔字之弊」、「拓字之法」的有關闡述，《陳介祺手稿集》第四册，第九八八至一〇〇四頁。
[四] 簠齋同治十二年十月十三日致吴雲札云：「圖乃六舟作法，不及陳南叔竹林作圖以尺寸爲主，須以細銅絲或竹筋密排於版中，使損抵於器之中，則大小可得其真，曲折悉合，然後側之以見器之陰陽向背之情，然後橐者就古器寬平者拓文，就器而撕合之，則不失矣。陰陽向背圖器同審自合（合則刻木，拓之亦佳）。」《秦前文字之語》，第二四七、二四八頁。
[五]《傳古别録》，《陳介祺手稿集》第四册，第一〇〇三頁。
[六] 陸明君著：《陳介祺年譜》，西泠印社出版社，二〇一五年，第六六頁。
[七] 參見簠齋同治十一年九月二日致吴雲札附箋，次年十月十三日致吴雲札，《秦前文字之語》，第二一七、二四八頁。
[八] 王黼奉敕編纂的《宣和博古圖》輯録了宋皇室所藏商至唐代的青銅器，對每件器物均摹繪圖形和款識，記録容量、重量、銘文字數及釋文等，間有考記；目前流傳版本多爲明清重修本，如明萬曆間的《泊如齋重修宣和博古圖録》，由畫家丁雲鵬、吴廷羽繪圖。《西清古鑒》仿《宣和博古圖》遺式，著録清殿廷陳列及内府所藏青銅古器，除文字記考外，亦摹篆款識，精繪形模。此書清乾隆十四年（一七四九）由吏部尚書梁詩正、户部尚書蔣溥、工部尚書汪由敦等奉敕編纂，陳孝泳、楊瑞蓮摹篆，畫院供奉梁觀、丁觀鵬等繪圖。參見《西清古鑒》清光緒十四年（一八八八）日本邁宋書館銅版刻本。
[九] 簠齋云：「昔辛亥（一八五一）陳粟園爲作《簠齋印集》十部，十月始成。葉（志詵）、劉（喜海）、李（璋煜）、吴（式芬）、吕（堯仙）諸公醵貲助之乃就。」見《傳古小啓》（三抄校稿本），《陳介祺手稿集》第四册，第九四一頁。
[十] 簠齋同治十一年九月二日致吴雲札之附箋云：「廿年前所著《簠齋印集》，僅成十部。友人醵贈粟園亡友，每部十金或十餘金不等，紙與印泥不與焉。閲八月乃畢，非粟園静專，不能就也。」見《秦前文字之語》，第二二五頁。

並在歸里後的傳拓實踐中加以繼承且進一步發展完善。他在一套五册精裝本的吉金全形拓目録中寫道：「全圖必以粟園爲宗，而更求精。」[一]（圖五）作爲良工益友的陳粟園，成爲簠齋歸里後每每追念的拓工典範，這一點簠齋在致鮑康、潘祖蔭等友人的信札中多次提及。

簠齋在傳拓過程中總念及粟園，是因很難遇到稱心的好拓工。他在同治十三年六月六日、七月十一日致潘祖蔭札中云：「拓友之難備嘗，教拓則苦其鈍，又苦其厭，久而未必能安，重椎損器，多拓磨擦，私留拓本，妄費紙墨，出外游蕩，技未至精，而自恃非伊不可，與言每不隨意。若陳粟園者，貞不可復得。即欲多延一二人，亦須有人照料方妥，此亦約略。」「敝處拓友，皆日日自看自教，拓未至精，而相處亦不易。如粟園者，今日豈可得哉。」[二]簠齋認爲好的拓工至少要具備以下幾方面特點：有一定的學養、通篆學，品性誠實可靠、静心專注、精細沉穩，技術精嚴。「延友則必須通篆學，誠篤精細，不輕躁鹵莽者。此等人亦必須善遇之，使之能安，然甚不易得。」[三]

同鄉王石經（一八一三—一九一八，號西泉）爲武生員，通篆法，刻印能得漢法，常得簠齋指點引導，是簠齋比較稱意的拓友。簠齋在光緒二年（一八七六）四月四日爲《西泉印存》題記曰：「西泉作印與年俱進，昔師漢印，今則秦斯金石刻，三代器文之法，有得於心。徒以古印求之，非知西泉者矣。」簠齋用印多出其手，評價他可與趙之謙比肩，「西泉似不讓撝叔也」[四]。簠齋還引薦西泉爲潘祖蔭、王懿榮等同好刻印，潘祖蔭在光緒十二年（一八八六）二月下旬題《西泉印存》云：「簠齋丈曾屬西泉爲余刻印，今年始遇於都門，復爲刻數枚。西泉之印近今無第二人。質之知者以爲何如？」[五]

簠齋延聘過的其他拓工主要有：張子達、吕守業（劉守業）、陳佩綱、姚公符、何昆玉（字伯瑜）等。他們各有長處和不足。對於張子達，簠齋認爲，其身體和品性皆有缺陷，但「拓白文能精」「拓墨則他人皆不及」[六]。簠齋致潘祖蔭札云：「張子達（衍聰）之拓法，卻勝東省他人。但聾甚，又多疑，又能使氣，又私拓，又不惜護（卻未損），非有人監拓不可。薄如幣布朽破不可觸者，恐非所宜。又不能拓陽文，而尚能作圖，圖須指示乃大方。」[七]張氏墨拓北魏畫像石《曹望憘造像記》，簠齋認爲「工而未雅」[八]。

吕守業（曾姓劉，後改歸本宗，仍名守業）是簠齋培養出來的能精拓石瓦的拓工，「數年來令此劉姓習拓石瓦，二者竟能精，惟尚未能拓吉金，亦未多習之故。年少穩細，能領略指授，今日不可多得」[九]。簠齋在同治十二年（一八七三）十二月至光緒元年（一八七五）五月致鮑康、吴雲、王懿榮的信札中數次提及，認爲吕氏能受教，能究心，從容謹細，行不劣，是位好拓手，只是做工慢，「不受迫促，一紙須他人數紙工夫，勿輕視之」。簠齋曾遣其參與瑯琊秦刻之拓事，吕氏還曾拓北周武成宇文仲造玉像等。

陳佩綱（字子振），簠齋族弟，從簠齋學習摹刻古印，雖日有長進，但仍遜於王石經，「子振止能刻，若令自篆鐘鼎則不能成章，至鉤字或增或減其過不及者，則不能解，亦極代費心目。西泉能知之且知其意，故是良友」[十]。簠齋曾囑子振爲潘祖蔭、吴大澂、王懿榮刻印。

姚公符（？—一八七九），簠齋晚年傳拓助手，曾拓古陶、矢眴盤等。簠齋光緒四年（一八七八）十月九日致吴大澂札云：「古匋今得邑人姚公符學桓作圖，尚精細。今寄圖屏六十二幅，又矢眴盤大紙者一幅（有考未及書），紙背少有次序。公符寒士，以筆墨爲生，乞酌助之。」[十一]

何昆玉，廣東高要人，同治十一二年間携潘氏看篆樓古印、葉氏平安館節署燼餘古印到簠齋處，簠齋出其舊藏，並增益岳父李璋煜、吴式芬、鮑康等藏印編纂《十鐘山房印舉》[十二]。何氏助拓一年多，約成《十鐘山房印舉》廿部，每部八十本八函[十三]。

三、《陳介祺拓本集》的輯刊

百餘年過去，簠齋藏器歷經滄桑，四散海内外，而中國文化遺産研究院有緣珍藏了簠齋考釋手稿及一批金石拓本。手稿係簠齋後人於一九六四年捐贈，金石拓本主要是二十世紀五六十年代國家文物主管部門從市肆購得。二〇一七至二〇一九年，筆者以文研院立項科研課題「院藏陳介祺金石學資料整理研究」（編號 **2017-JBKY-13**）爲契機，全面調查了簠齋藏器拓本，分門别類進行了鑒别、整理和研究，分爲商周彝器全形拓、商周彝器文字拓、商周兵器、秦詔量權、漢器、銅鏡、泉布泉範、瓦當、古磚、古陶文十種，彙爲《陳介祺拓本集》，有關情况簡述如下。

[一]《簠齋藏吉金拓片》（登録號00995），中國文化遺産研究院藏。
[二]《秦前文字之語》，第二四、二八頁。
[三]簠齋同治十三年七月十一日致潘祖蔭札，《秦前文字之語》，第二九頁。
[四]簠齋光緒元年正月十一日致潘祖蔭札，《秦前文字之語》，第四六、四七頁。
[五]（清）王石經著、陳進整理：《西泉印存》，天津人民美術出版社，二〇一四年。
[六]簠齋同治十三年八月廿一日致潘祖蔭札，《秦前文字之語》，第三五頁；光緒元年七月二十五日致王懿榮札，《秦前文字之語》，第一一三頁。
[七]簠齋光緒元年正月十一日致潘祖蔭札，《秦前文字之語》，第四七頁。
[八]簠齋光緒元年七月二十五日致王懿榮札，《秦前文字之語》，第一一三頁。
[九]簠齋同治十二年十二月立春後一日致鮑康札，《秦前文字之語》，第一八三頁。
[十]簠齋光緒元年三月二日致王懿榮札，《秦前文字之語》，第一〇三頁
[十一]《秦前文字之語》，第三二一頁。次年（一八七八）九月十九日簠齋致吴大澂札云：「姚公符亦作古，須别倩人爲之。」《秦前文字之語》，第三二六頁。
[十二]簠齋同治十二年二月二十四日致吴雲札，《秦前文字之語》，第二三〇頁。
[十三]簠齋同治十二年十一月十五日致鮑康札，《秦前文字之語》，第一八〇頁。

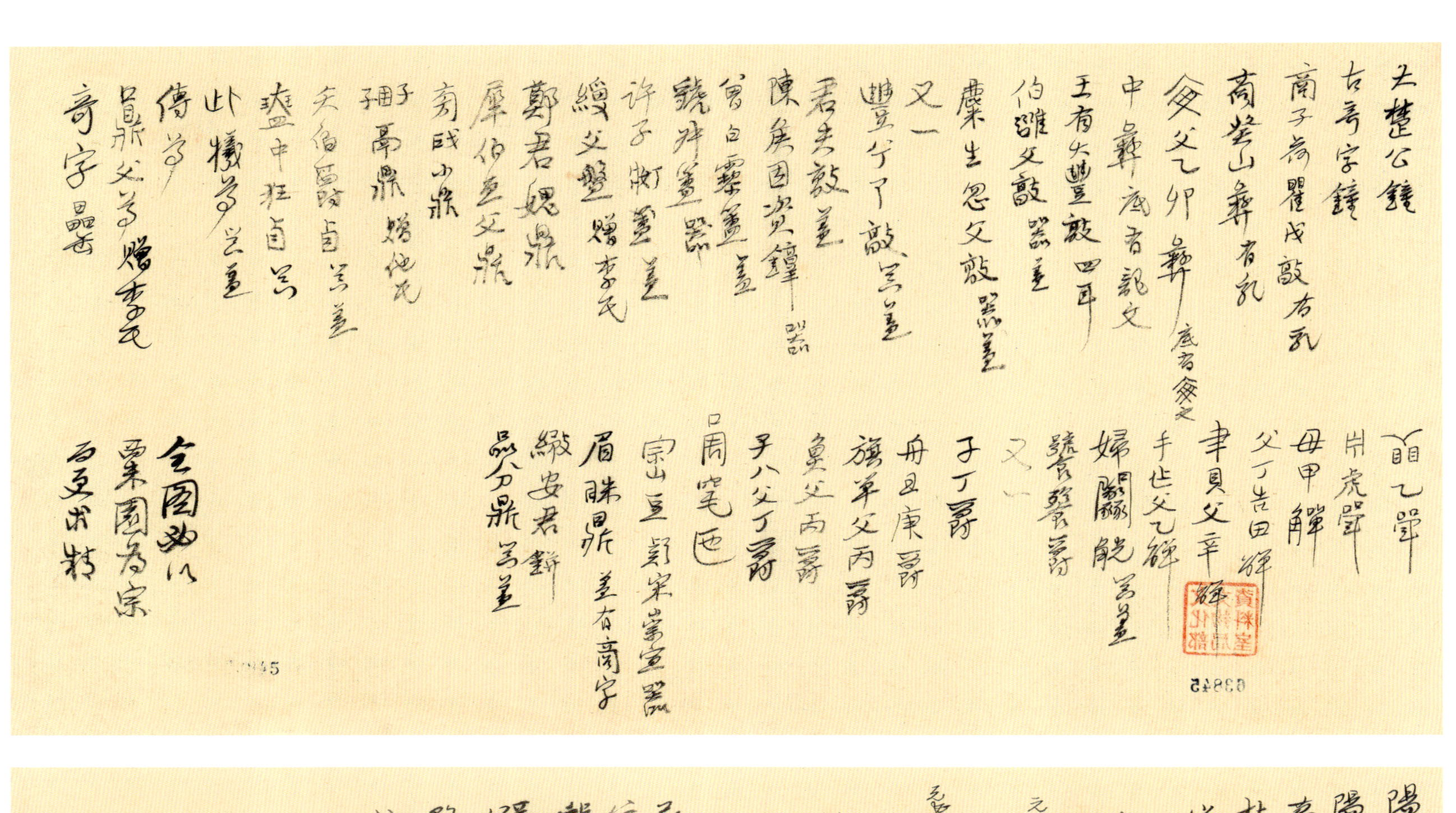

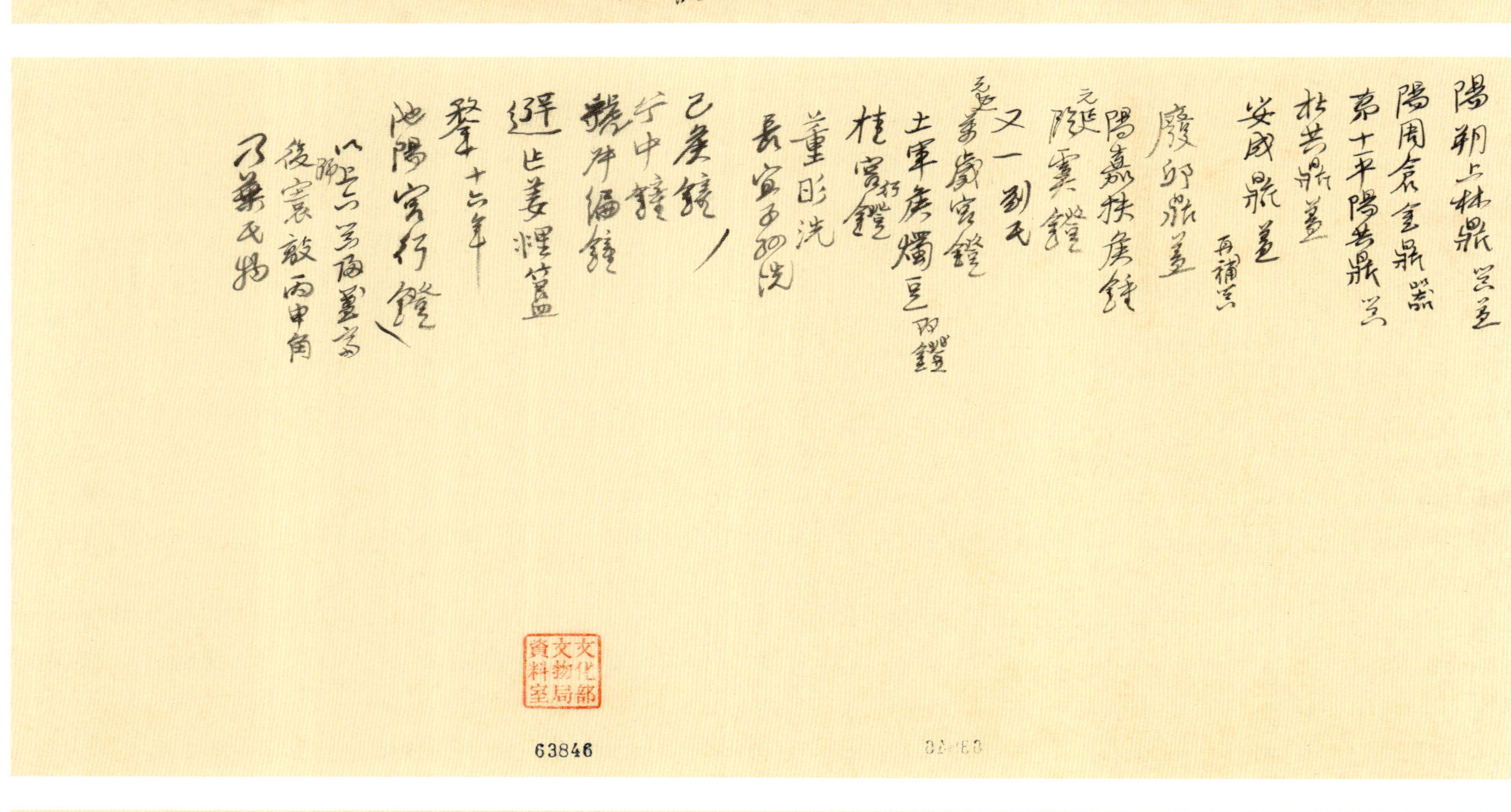

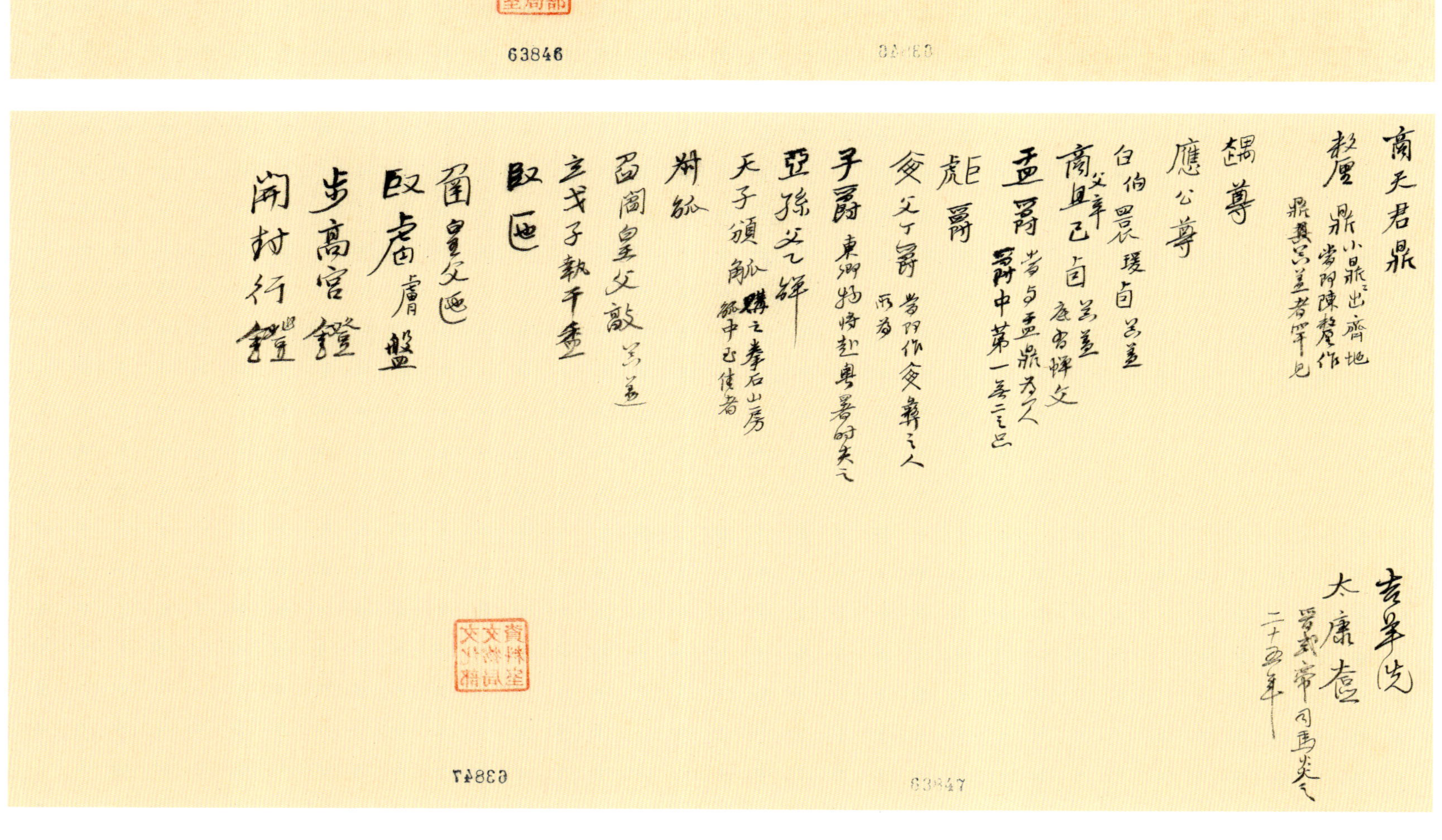

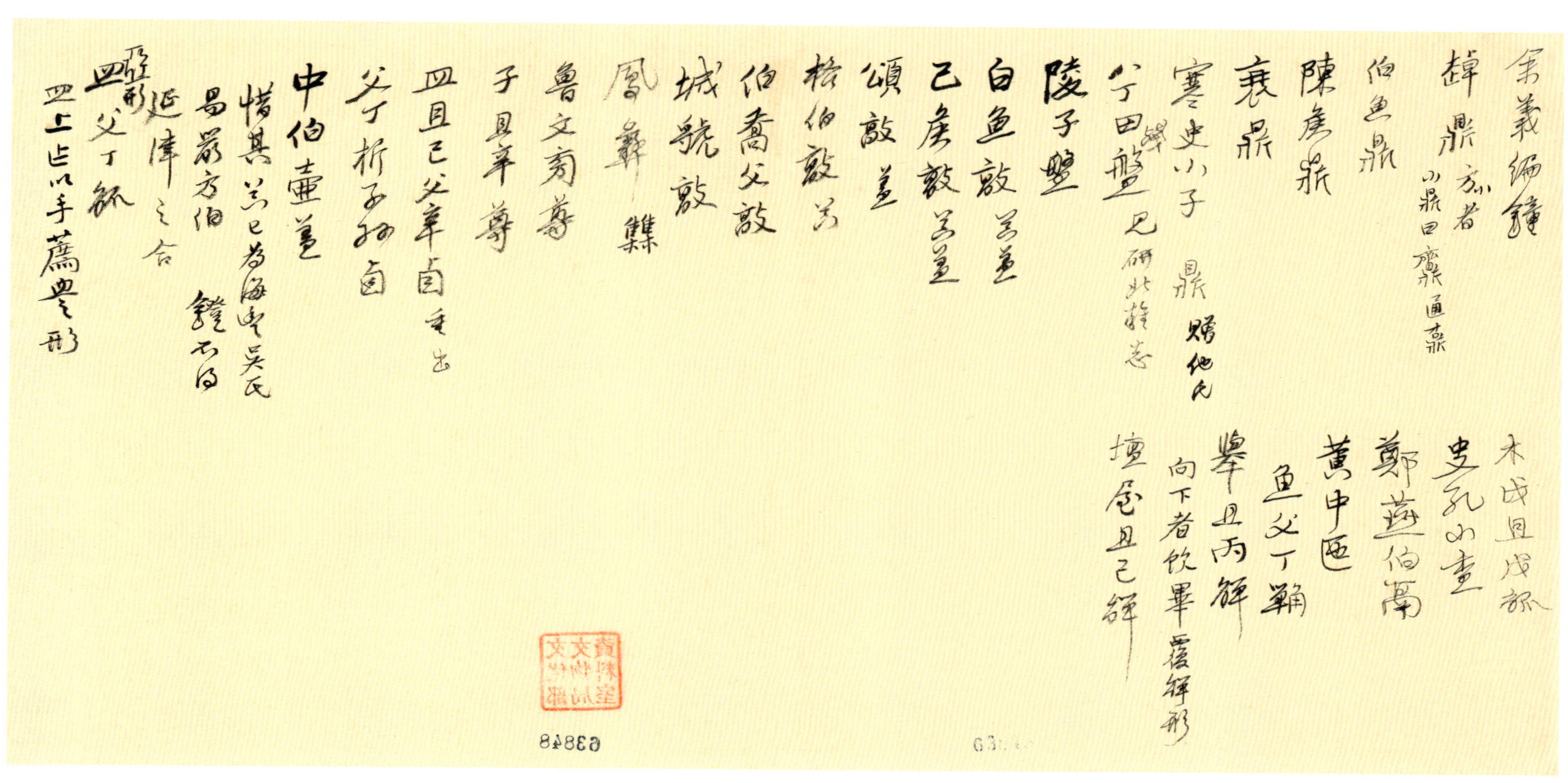

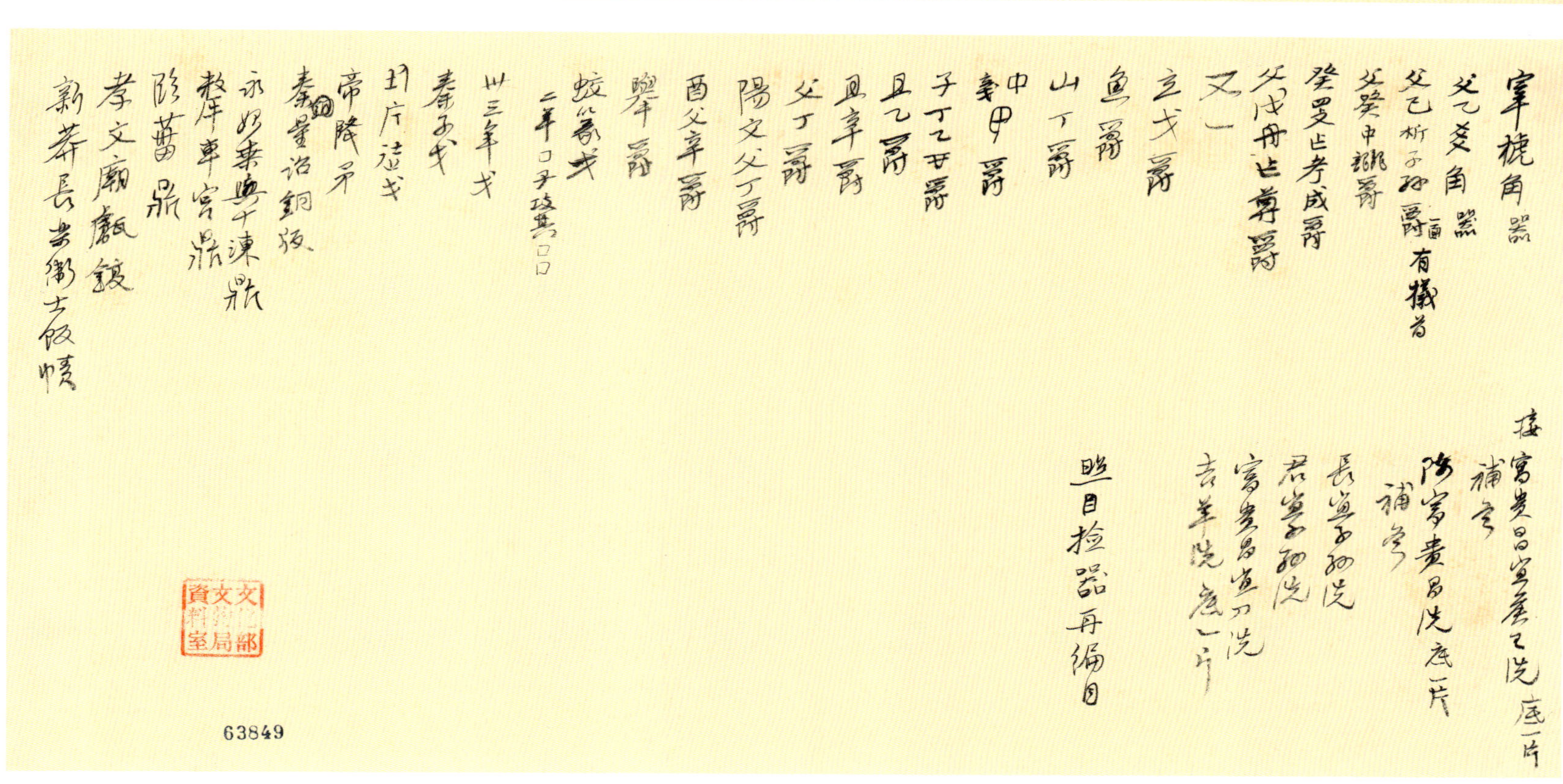

圖五 《簠齋藏吉金拓片》目録五頁

（一）商周全形拓及文字拓本

《商周彝器全形拓》收録簠齋藏商周彝器一百三十九器的全形精拓本（末附簠齋疑僞三器的全形拓），體現了簠齋藏器的核心面目。其底本主要源自院藏善本《簠齋藏吉金拓片》（登録號 00995）。筆者認爲，此部圖籍當是簠齋本人存留的藏器全形拓圖檔，非常珍貴。這一推斷有以下依據：

第一，裝幀考究精美。全套五册，書衣木框錦緞面封護，内葉以紙墩製成折葉，每器墨拓對開托裱其上。

第二，有墨筆行書於毛邊紙的器目五紙（圖五）。其中，有的器名下用雙行小字標注該器的來源、出土地、真僞意見等。有二紙的篇末還分別寫道：「照目撿器再編目。」「全圖必以粟園爲宗而更求精。」從上述信息及書寫筆迹來看，此五紙當是簠齋手書草目。

第三，五紙目録所列之器與拓本基本對應，總計有商周一百三十七器、秦一器、漢二十九器、晉一器以及簠齋疑僞三器。目録中提及一件疑北宋僞器「密豆，疑宋崇宣器」[一]（圖六），另兩件疑僞器見於折葉背面題記。

第四，有兩册在折葉背面有墨書題記，記器名、頁碼（從二至八七），有的還注明器的來源、辨僞意見。寫有「劉」字的，是得自劉喜海舊藏，計有二十一器，其中二器題寫的鑒定意見分别是「益公鐘 疑陝僞」、「雙耳壺字僞」（圖三、圖四）；另寫有「葉」字的，是得自葉志詵舊藏，有師寰敦、丙申角。

第五，拓本製成時間及拓工不一。有一幅在整紙上采用拓與墨描相結合工藝製成的楚公豪鐘（中者）圖，係六舟拓（鈐印「六舟手拓」）（圖七）。其傳拓工藝與審美風格與册中的兮仲鐘等拓本不同。還有一幅「頌毁」文字拓本鈐印「陳粟園手拓」（圖八），爲陳畯所拓。這兩幅當是簠齋四十二歲之前居京期間，與六舟、陳畯交往時留下的早期拓本。同治十年後，簠齋在經歷青齊亂世後，決意將所藏以傳拓方式來保存傳播，便持續延請拓工助拓，在全形拓工藝上，采用陳畯的分紙綴合拓法，而更求精。册中有一幅楚公豪鐘（中者）文字拓，便是出自簠齋之手[二]（圖九）。

據此，筆者推斷此套拓圖當是簠齋選編、具有記録和保藏性質的一部吉金全形拓圖檔。這些拓本非常珍貴且稀見，呈現了簠齋眼中吉金所具有的端莊、文雅和古樸的氣韻。

本次輯刊的簠齋全形拓《商周兵器》，有戈、戟、劍、矛等六十六器，不僅數量齊全，且每器皆拓兩面，拓工精雅（圖十）。拓本的底本主要源自院藏圖籍《簠齋藏銅器拓片》（登録號 01027）。

簠齋重視三代金文，强調精拓多拓以傳世。此次輯刊的《商周彝器文字拓》有一百九十九種金文精拓本，其中部分彝器殘片的文字拓，是《商周彝器全形拓》中所没有的。文字拓的底本亦主要源自院藏圖籍《簠齋藏銅器拓片》（登録號 01027）。

（二）秦詔量權拓本

簠齋收藏秦器，源於他對開後世小篆之始的秦相李斯遺迹的看重。簠齋最早所得秦器是道光二十三年（一八四三）獲藏的一塊出自關中的秦詔銅版，同出的另外四塊歸劉喜海。同治五年（一八六六），劉氏的四塊舊藏亦歸簠齋。他認爲銅詔版是嵌於木量的遺存，詔字爲李斯之迹。之後的八九年間，簠齋又陸續入藏了秦始皇及二世詔字的木量銅詔版、鐵權和銅量，這大大激發了他欲集秦相李斯之迹以成大觀的迫切願望。他認爲秦金石文字「雖不及鐘鼎文字，然暴秦忽焉，柔豪之法，實始於斯，不可不重也」[三]。

簠齋的秦詔文字收藏中還有一種作爲量器的陶器，即瓦量。他對秦瓦量的辨識和定名，在其《秦詔瓦量殘字》拓本册的光緒三年（一八七七）「丁丑七月十六日」長題中有詳細記載（圖十一）。他還在光緒三年七月七日將新得的「秦始皇瓦量殘字四片拓四」寄贈吴大澂[四]。此後幾年間，簠齋又陸續入藏了一些秦詔瓦量殘片，如光緒四年十月收得兩片[五]。他收藏秦詔瓦量的總數，據現存多個拓本册的對勘來看，共有三十三種。

院藏簠齋秦詔量權拓本比較齊全，現輯入《秦詔量權》中的有鐵權及權版、木量銅版、瓦量殘片等四十三器的四十六幅拓本。

（三）漢器、銅鏡及泉布泉範拓本

簠齋收藏的漢器主要有鼎、甗鍑、鐙、洗等，兵器主要是弩鐖，還有作爲車飾的青銅構件等。簠齋認爲「漢器之銘無文章，記年月、尺寸、斤兩、地名、器名、官名、工名而已」。從文獻價值來看，漢器並不是簠齋關注的重點，但他仍能發現一些製器新奇或有代表性的器物，並結合典籍進行考證闡釋，如《漢鐙考記》[六]。同治十一年九月二日簠齋致吴雲札之附箋云：「余新得綏和鴈足鐙，因集所藏所見之鐙爲考説，並刻所藏漢器精者爲圖説之。」[七]此次輯入《漢器》的五十三幅拓本，其底本主要源於院藏《簠齋藏吉金拓片》（登録號 00995）和《陳簠齋吉金文字》（登録號 440238）。

[一] 此器全形拓背面題「崇豆」。
[二]「楚公豪鐘（中者）」拓本有鈐印「陳壽卿手拓吉金文字」、「陳氏吉金」、「陳介祺所得三代兩漢吉金記」。
[三] 簠齋同治十三年四月八日致吴雲札，《秦前文字之語》第二五三頁。
[四] 簠齋光緒三年七月七日致吴大澂札，《秦前文字之語》第三〇六頁。
[五] 見簠齋光緒四年十月九日致吴大澂札：「唯又同得秦瓦量詔字殘片二爲快。」《秦前文字之語》，第三二一頁。
[六] 見《陳介祺手稿集》第二册中的「漢器全文考釋」部分，第五六五頁。
[七]《秦前文字之語》，第二二四頁。

圖六　簠齋疑僞器宗豆全形拓、背面題記、目録所列條目

圖七　西周晚期楚公冢鐘（中者）全形拓及「六舟手拓」印

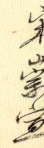

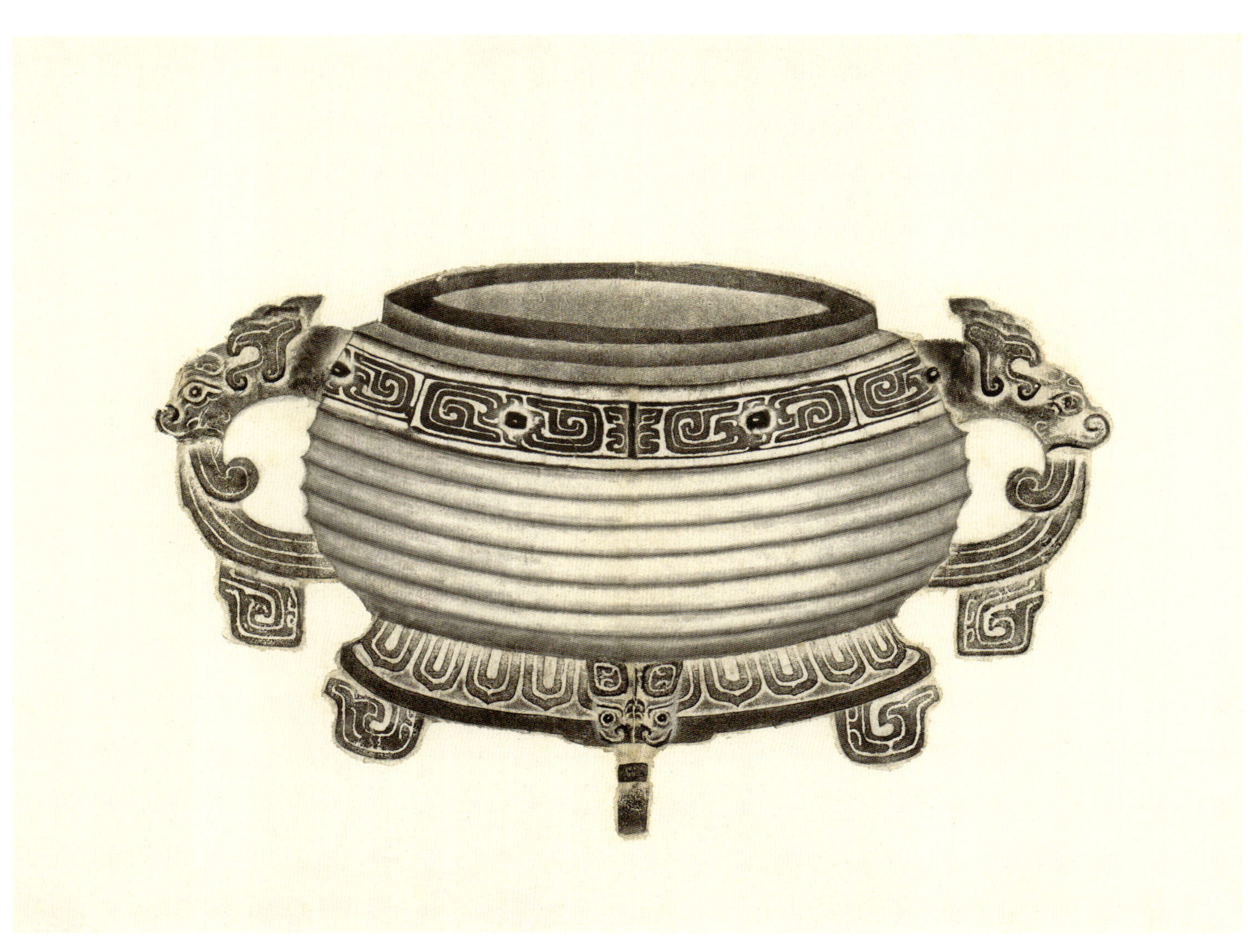

圖八　西周晚期頌簋全形拓及「陳粟園手拓」印

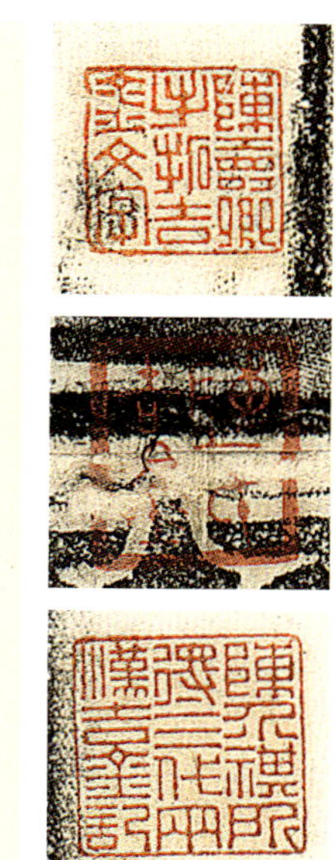

圖九　西周晚期楚公豪鐘（中者）文字拓及簠齋鈐印

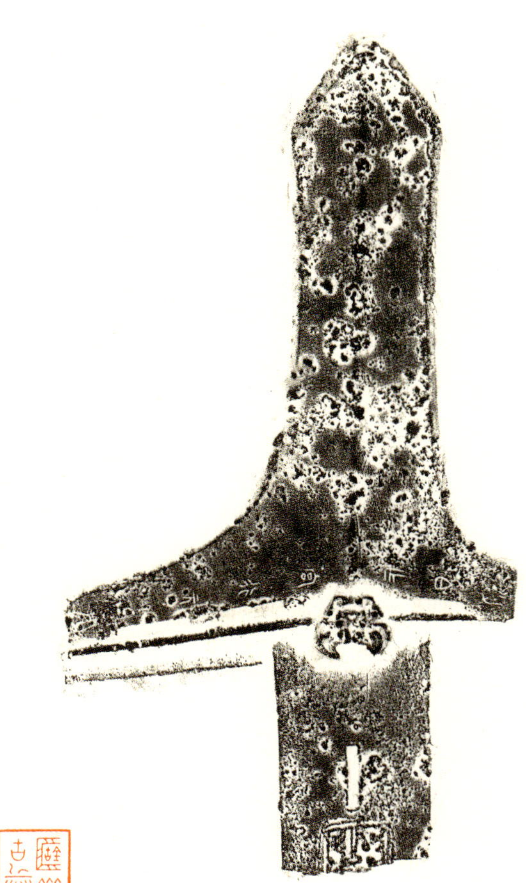

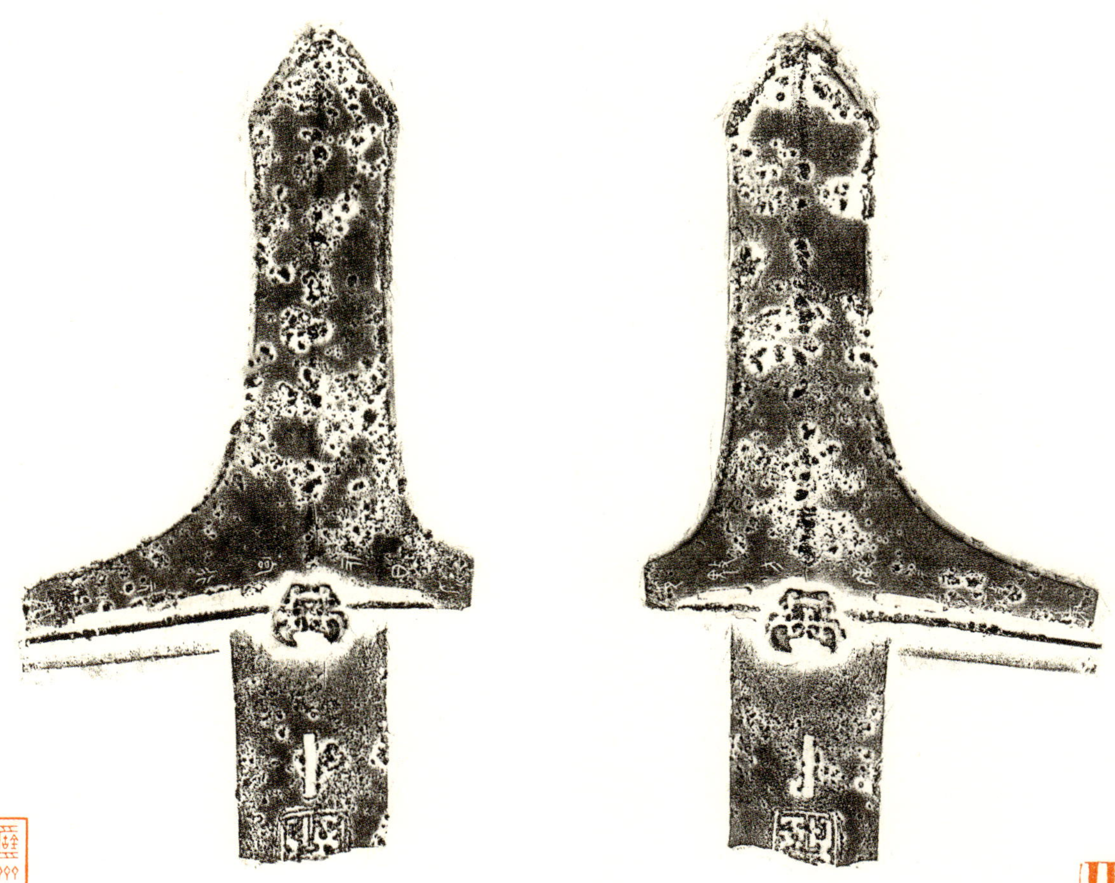

圖十　春秋早期梁伯戈拓本

余嘗得秦始皇詔刻字殘瓦一疑爲宮瓦今又得殘瓦四
其三器口完然定爲瓦量古瓦器皆計所容以準度量
之詔施於瓦器非量而何字在器頸二字一行當二十行四瓦
似同而非一器頸圜故鑄二行四字銅印陶成加印于泥然後
入火土金木之生氣火鍊至竭則不敗故塼瓦之堅者字每
如新秦無久字又十五年即亡斯書爲秦篆之祖傳世至
少余卅年來大集秦金每於泰山瑯琊訪秦石數字而不得
以秦瓦當數百自慰不意今竟獲瓦詔字與石同不在泰
山瑯琊二刻下秦之文字亦於斯爲盛矣復案其刻字詔
瓦其上亦似器口三字一行當十四行末行一字字大于四瓦似
書于器上刻者尤見筆法刀法以瓦形校之皆可得器口圜
徑大略也 光緒丁丑七月十六日己巳海濱病史記

圖十一 秦詔瓦量殘片拓本及題记

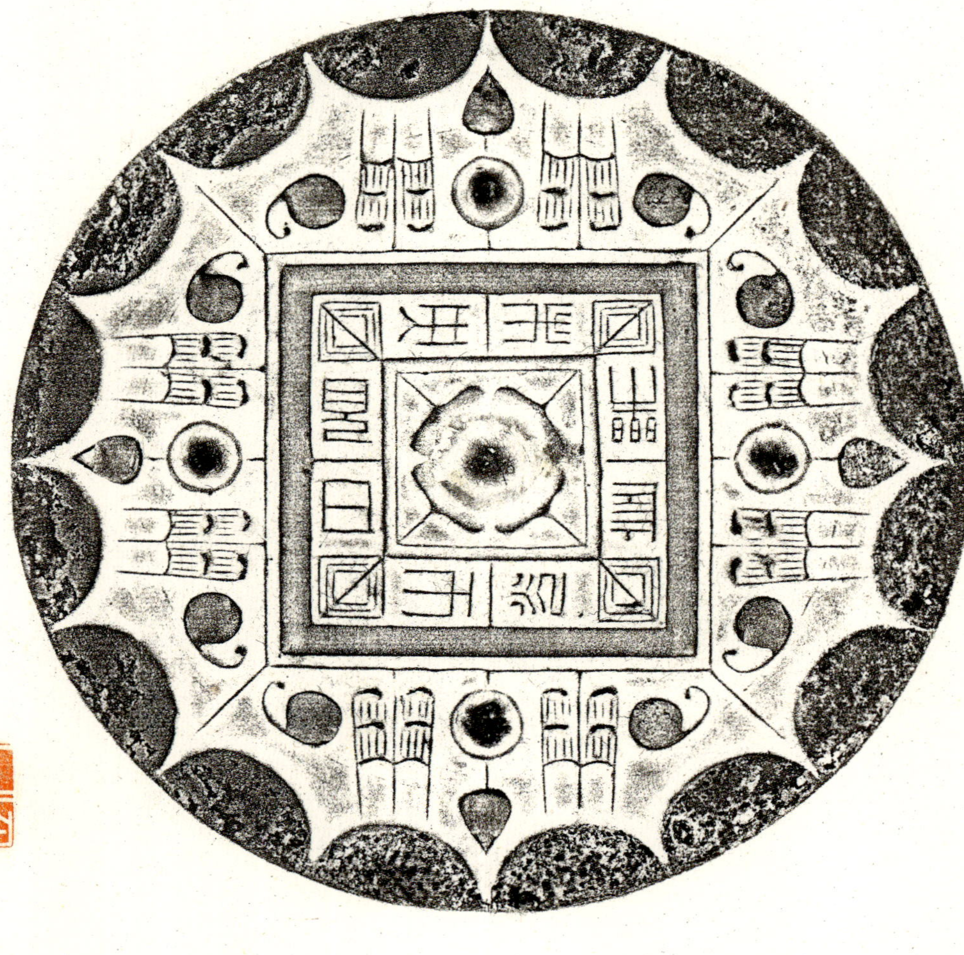

圖十二 漢代日光草葉鏡拓本

銅鏡是簠齋收藏的品類之一，曾自名「二百竟齋」。據陳進先生家藏本《鏡拓全目》所記銅鏡有二百枚。此次輯入《銅鏡》的拓本有一百六十九種，主要是兩漢時期遺存（圖十二）。

簠齋因重視古文字而延伸到對古泉的關注，對於古泉重研究而少收藏。他在同治十三年七月十一日、十月十三日致鮑康札云：「弟不收泉而言泉，蓋推三代文字及之，他則仍不求甚解也。」[一]「古化究下古器一等，以非成章之文，且有出工賈之手者，然猶是秦燔前古文字真面目，故不能不重，精刻傳之。」[二]他對古泉的研究體現在對老友李佐賢《古泉匯》的批校上，亦散見在與鮑康的通函中。他很關注當時各家所藏，甚至期望合諸家古貨集拓精刻公世[三]。本次輯入《泉布泉範》的拓本，是簠齋所藏的新莽十布六泉，其中六泉一套，十布兩套。這與光緒二年（一八七六）五月廿五日簠齋致吳大澂札中所記基本吻合，「敝藏六泉全一而有未精，十布全者二而有餘」[四]。

關於簠齋藏範，民國七年（一九一八）鄧實《簠齋吉金録》中影印了鄒壽祺藏銅範拓本六十七幅、鐵範一幅。鄒壽祺題記云：「簠齋藏貨範千餘，嘗以名居曰『千貨範室』。余所見有二十餘册，皆土範也。此銅範六十七紙、鐵範一紙，傳拓極少。庚戌立夏日杭州鄒壽祺得于中江李氏。」此次輯入《泉布泉範》的是銅範拓本，有四十九幅（圖十三）。

（四）瓦當、古磚及古陶文拓本

簠齋經年所藏秦漢瓦當的數量，據陳氏家藏《瓦拓全目》（陳進藏）有九百二十四種，其中殘瓦頗多。院藏圖籍《秦漢瓦當拓本》（登録號 420727）中有瓦當拓片五百九十五種，本次從中選擇拓瓦相對比較完整，其刻字或紋樣亦較有特點的輯入《瓦當》拓本中（圖十四）。

簠齋藏磚的數量，從陳氏家藏《専拓全目》（陳進藏）看，有秦漢至南北朝古磚三百二十三種。院藏圖籍《陳簠齋藏磚》（登録號 440249）中有磚拓四十種，輯入《古磚》拓本中（圖十五）。

簠齋在光緒年間首先發現了古陶文，並收藏了大量齊魯一帶的陶文殘片。他於光緒四年（一八七八）二月十七日致吳雲札時，寄贈了所拓三代古陶文字全份二千餘種。同年四月四日簠齋致吳大澂札云：「古匋拓已將及三千，如有欲助以傳者，乞留意。」光緒六年簠齋作對聯稱所積藏的齊魯陶文有四千種，至光緒九年（一八八三），題云「陶文今將及五千」。簠齋是發現、積藏和研究陶文的第一人，他曾感慨：「三代古匋文字，不意於祺發之，三代有文字完瓦器，不意至祺獲之，殆祺好古之誠有以格今契古而天實爲之耶。」[五]對於古陶文字，簠齋總結道：「古匋文字不外地名、官名、器名、作者、用者姓名與其事其數。」[六]此次所輯《古陶文》中有三千七百五十二種拓片，底本源自院藏圖籍《三代古陶文拓片輯存》（登録號 01469）（圖十六）。

四、結語

金石器作爲一種文化遺存，在清代中晚期得到阮元、張廷濟、劉喜海等文人仕宦收藏家的高度重視，而晚清陳介祺的藏器品種之富之精最爲時人稱賞。更難能可貴的是，他傾心致力於金石器的考釋、研究和傳承，發展了記録保存金石器圖文信息的傳拓工藝，留下了盡可能多的、精工雅致的金石文字拓本和吉金全形拓本。簠齋求真求精的傳古觀念，以及爲文存真影、爲器傳神形的傳古實踐，極大地豐富了傳統金石學的内涵，尤其是他的全形拓將青銅彝器的圖像表現力推向了兼具器之真形與藝術審美的新高度。

筆者有幸有緣得以親近先賢簠齋的手稿、墨拓等諸多遺存，深感其治學的嚴謹，與同好交流的坦誠，對「真」「精」傳古觀念的秉持不息，以及傳拓實踐上的創新和行動力。如今歷經數年的整理、研究和編纂，繼二〇二三年《陳介祺手稿集》刊佈之後，由院藏拓本纂輯而成的《陳介祺拓本集》（十種），亦將陸續公之於世。在此，首先要感謝中國文化遺産研究院各級領導將「院藏陳介祺金石學資料整理研究」納入二〇一七—二〇一九年的院科研課題（編號 2017-JBKY-13），感謝吳家安、喬梁、陸明君、曾君、劉紹剛等專家學者在課題立項或結項時給予的幫助和指導。在課題研究及後續準備出版的過程中，筆者時常請教簠齋七世孫陳進先生，陳先生退休後始致力於簠齋相關資料的搜集、整理和研究，他總是熱情接待並加以指導，還提供了家藏毛公鼎初拓本、簠齋藏器目等珍貴資料；王澤文先生對商周吉金銘文進行了審訂；這期間還得到鄭子良、黨志剛、沈大媧、張洪雷、王允麗、葛勵、苑園、曹雨芊、宫珪、李賀仙、魏宏君等友人的協助，在此表示衷心感謝！當然，本書的最終面世還要感謝中華書局領導的支持，以及責任編輯許旭虹和吳麒麟、美術編輯許麗娟的精誠合作！書中有不妥之處，敬請方家指正。

中國文化遺産研究院　赫俊紅

二〇二四年四月十五日　初稿

二〇二四年九月二十日　定稿

[一]《秦前文字之語》，第一九四至一九五頁。
[二]《秦前文字之語》，第二〇〇頁。
[三]簠齋光緒元年七月廿六日致鮑康札，《秦前文字之語》，第二〇六頁。
[四]《秦前文字之語》，第三〇〇頁。
[五]簠齋光緒三年八月廿四日致吳大澂札，《秦前文字之語》，第三一〇頁。
[六]簠齋光緒四年二月廿七日致吳大澂札，《秦前文字之語》，第三一七頁。

圖十三　新莽時期大泉五十銅範正背面拓本

圖十四　秦瓦當拓本

圖十五　南朝宋大明五年磚拓本

圖十六　古陶文拓本

編例

一、本書以中國文化遺産研究院藏一套十二册、折葉對開裝《三代古陶文拓片輯存》（登録號01469）爲底本，拓片共計三千七百五十二種。

二、本次出版按底本順序影印，並在圖版旁標注拓片編號；對古陶文不作釋讀，不出目録。

瓦登

瓦登

瓦登

瓦登

編號01469.01.001–01469.01.004

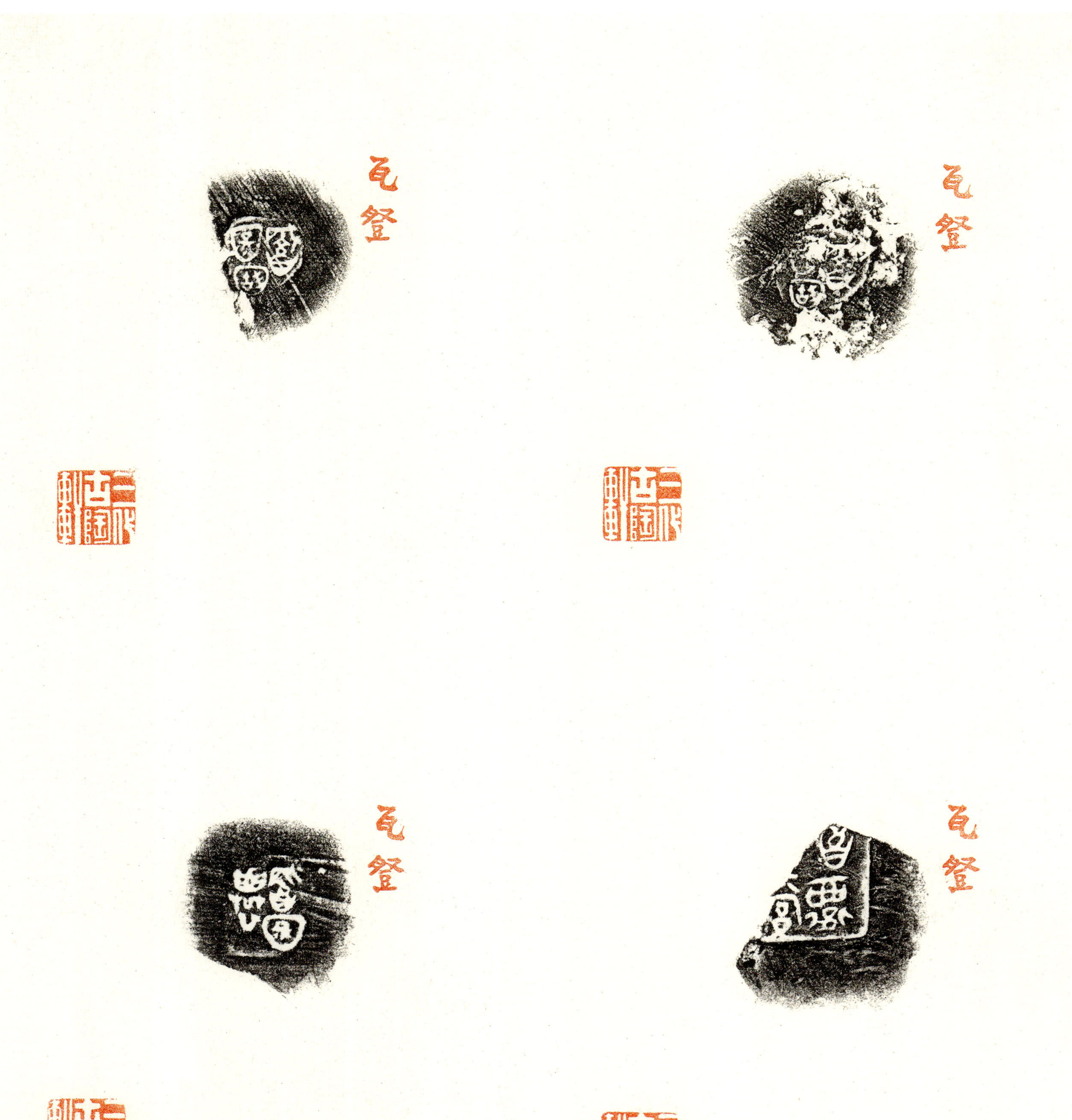

編號01469.01.005-01469.01.008

瓦登

瓦登

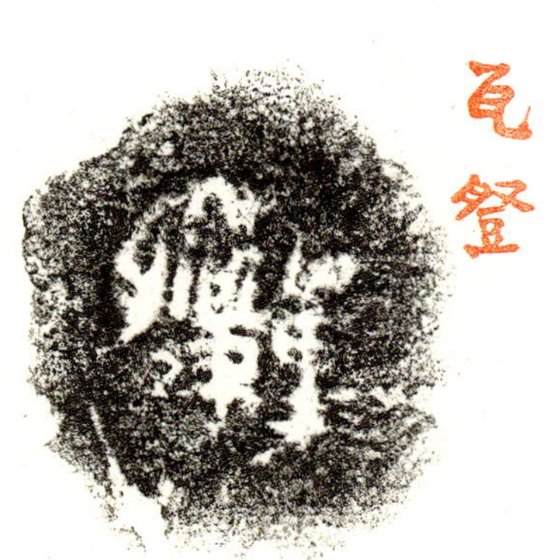

瓦登

瓦登

編號01469.01.009–01469.01.012

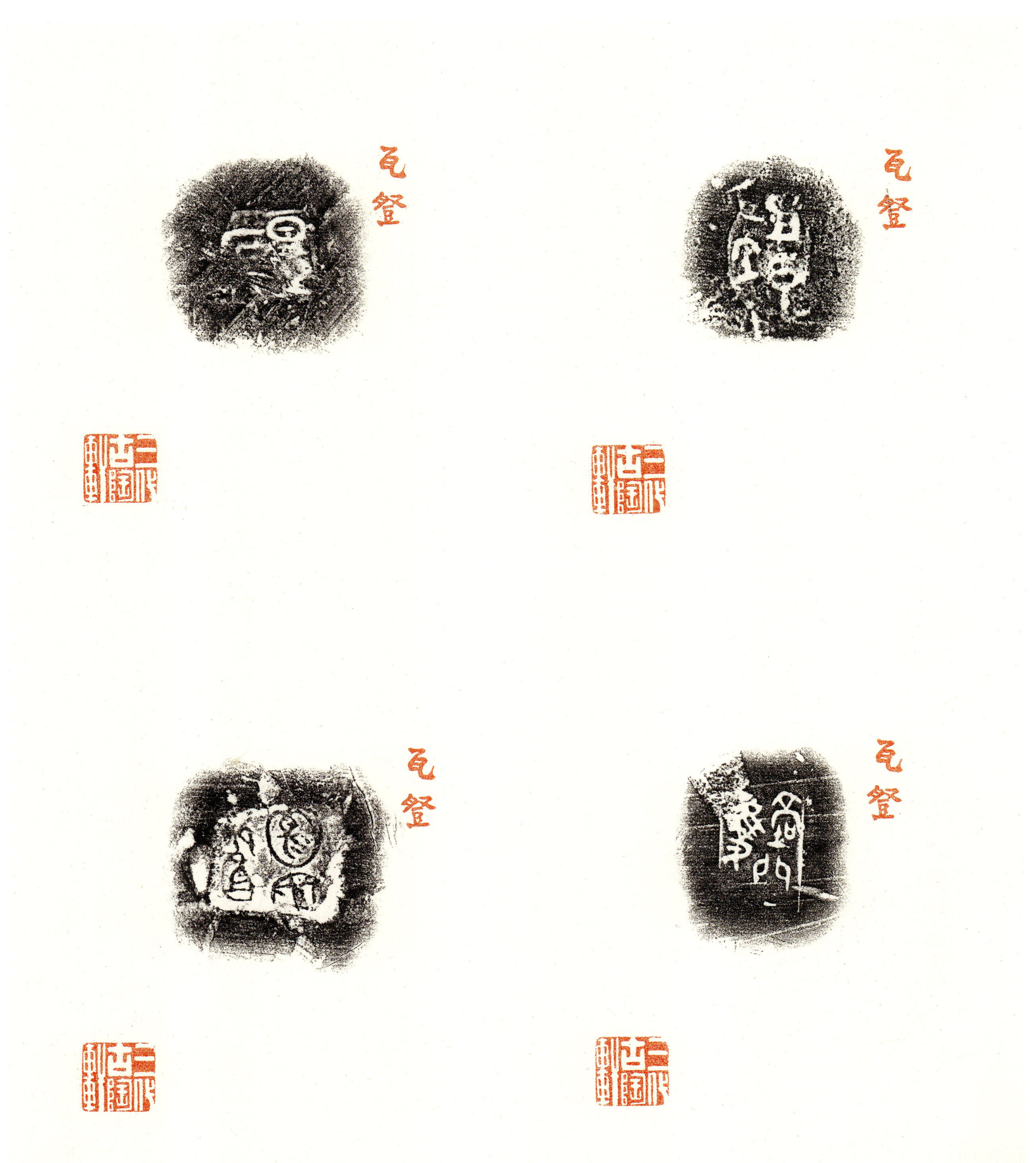

編號01469.01.013-01469.01.016

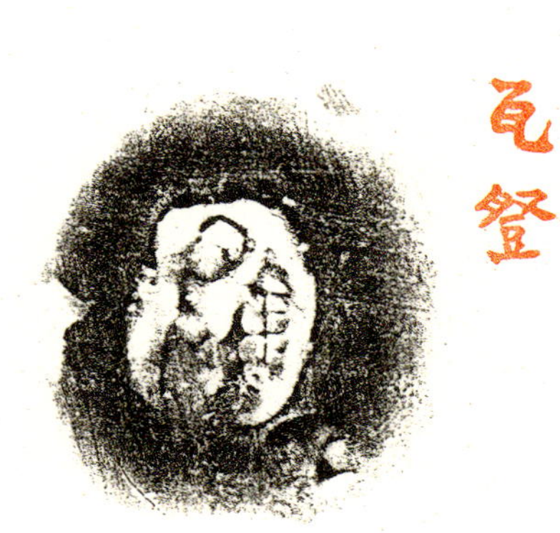
瓦登

瓦登

瓦登

瓦登

編號01469.01.017–01469.01.020

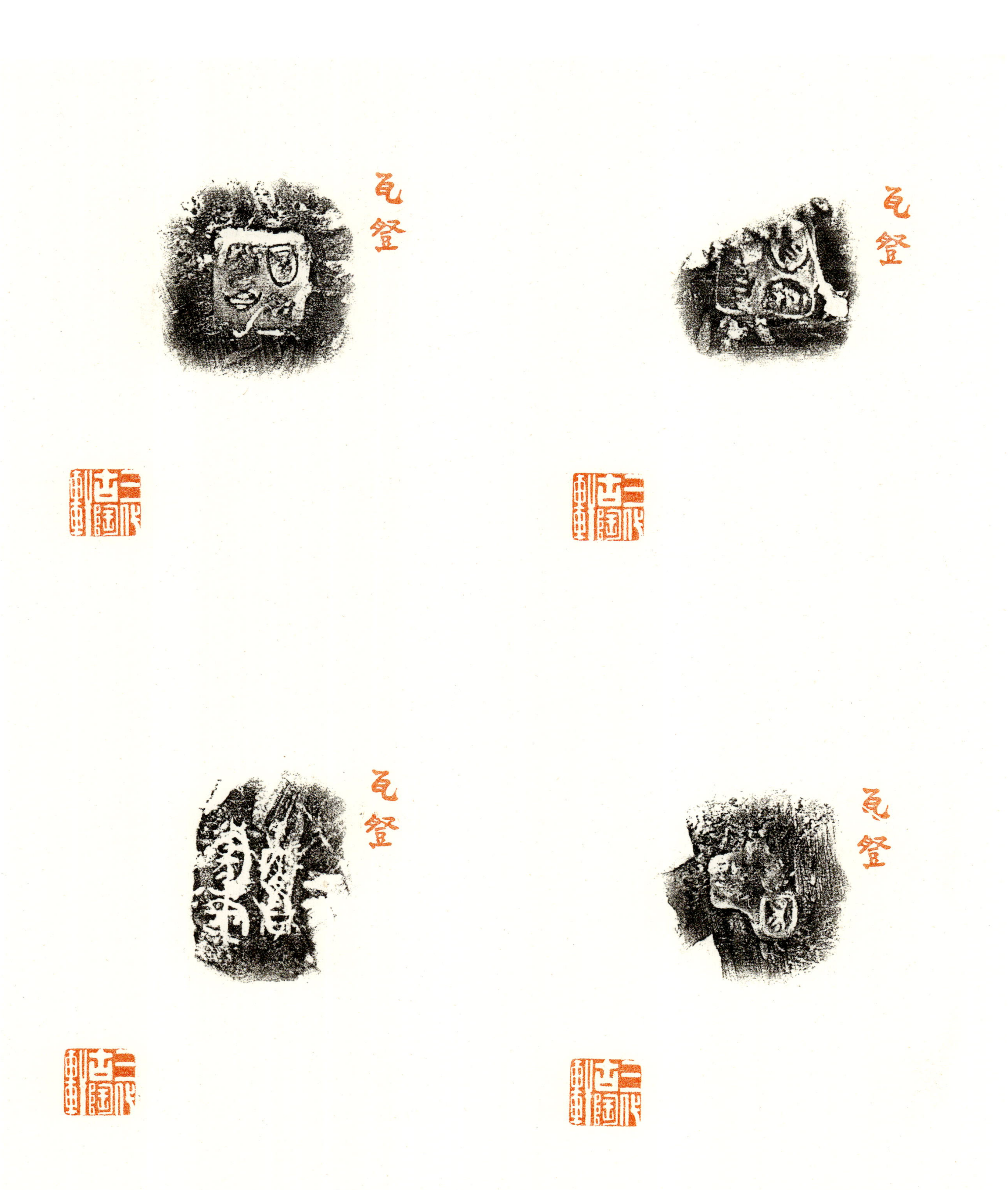

編號01469.01.021–01469.01.024

瓦登

瓦登

瓦登

編號01469.01.025–01469.01.028

編號01469.01.029–01469.01.032

瓦登

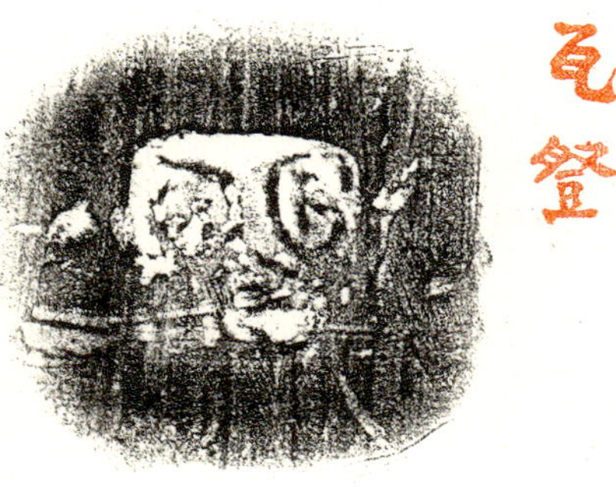

瓦登

瓦登

瓦登

編號01469.01.033–01469.01.036

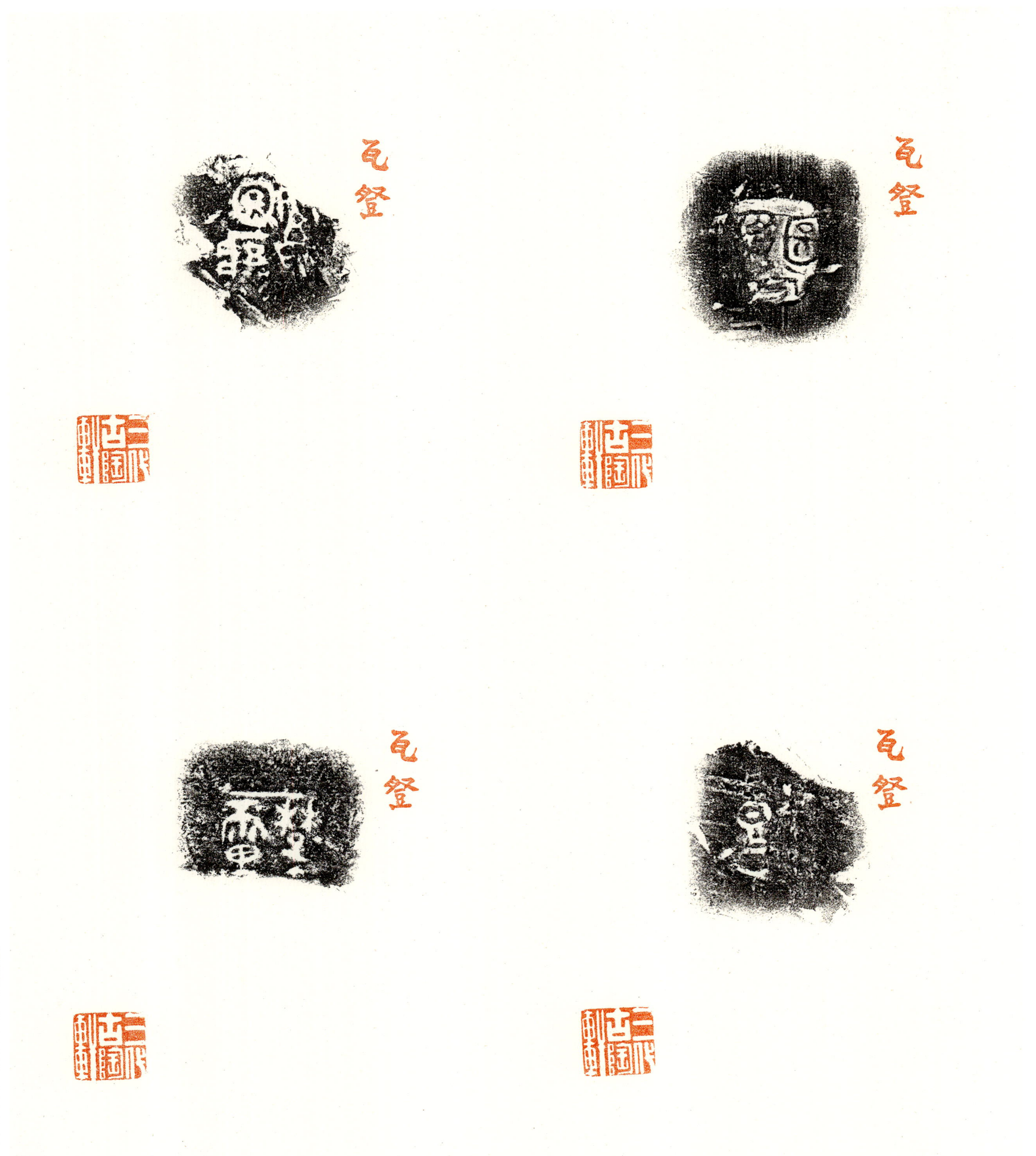

編號01469.01.037-01469.01.040

瓦登

瓦登

瓦登

瓦登

編號01469.01.041–01469.01.044

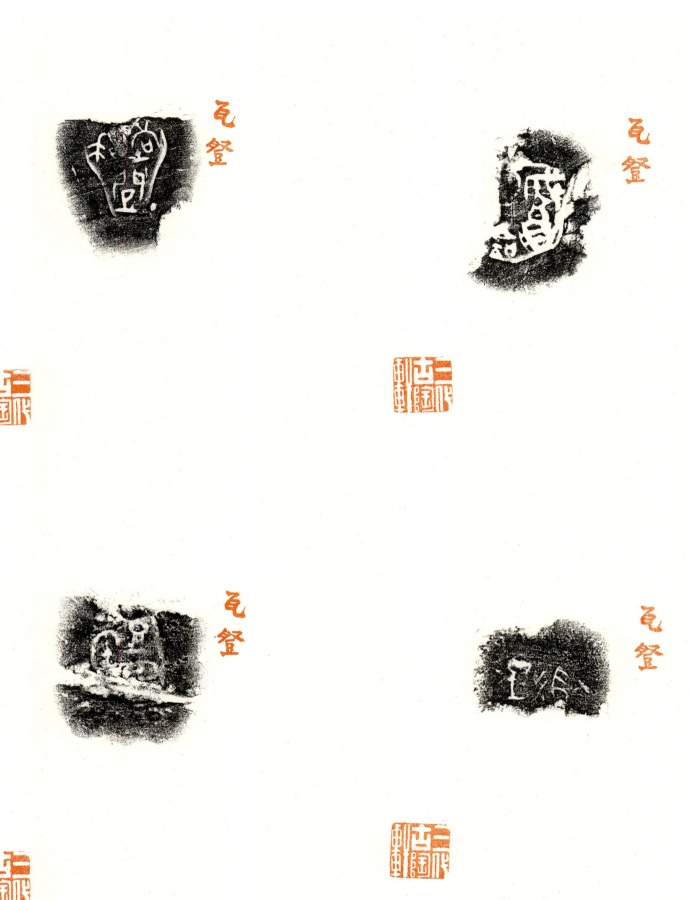

瓦登

瓦登

瓦登

編號01469.01.045–01469.01.048

瓦登

瓦登

瓦登

瓦登

編號01469.01.049–01469.01.052

編號01469.01.053–01469.01.056

編號01469.01.057–01469.01.060

編號01469.01.061–01469.01.064

瓦登

瓦登

瓦登

瓦登

編號01469.01.065–01469.01.068

編號01469.01.069–01469.01.072

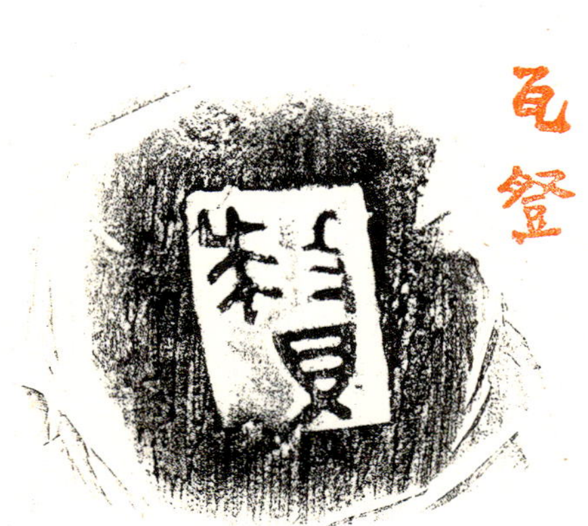

編號01469.01.073–01469.01.076

編號01469.01.077-01469.01.080

瓦登

瓦登

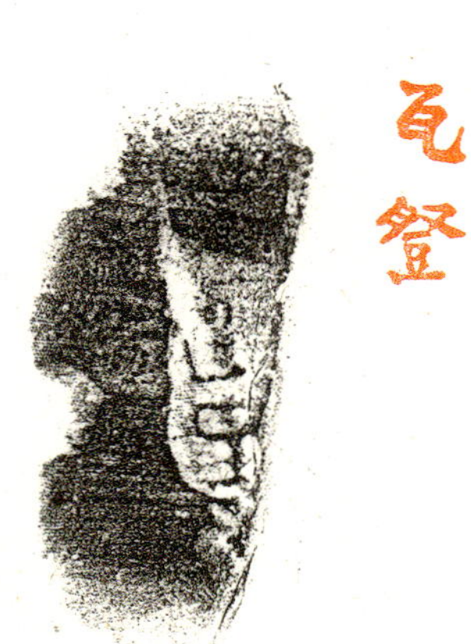

瓦登

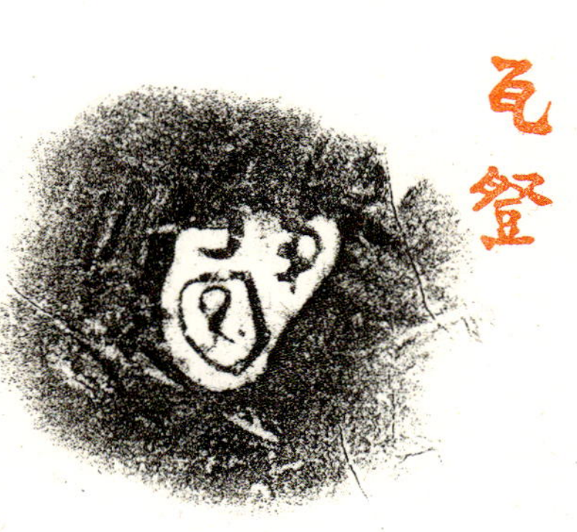

瓦登

編號01469.01.081-01469.01.084

編號01469.01.085–01469.01.088

瓦登

瓦登

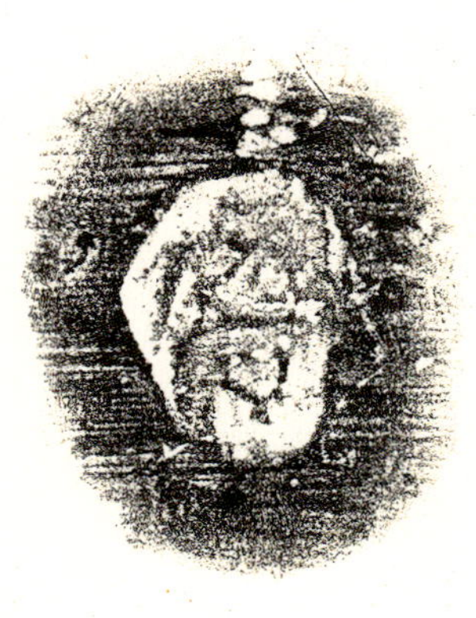

瓦登

編號01469.01.089–01469.01.092

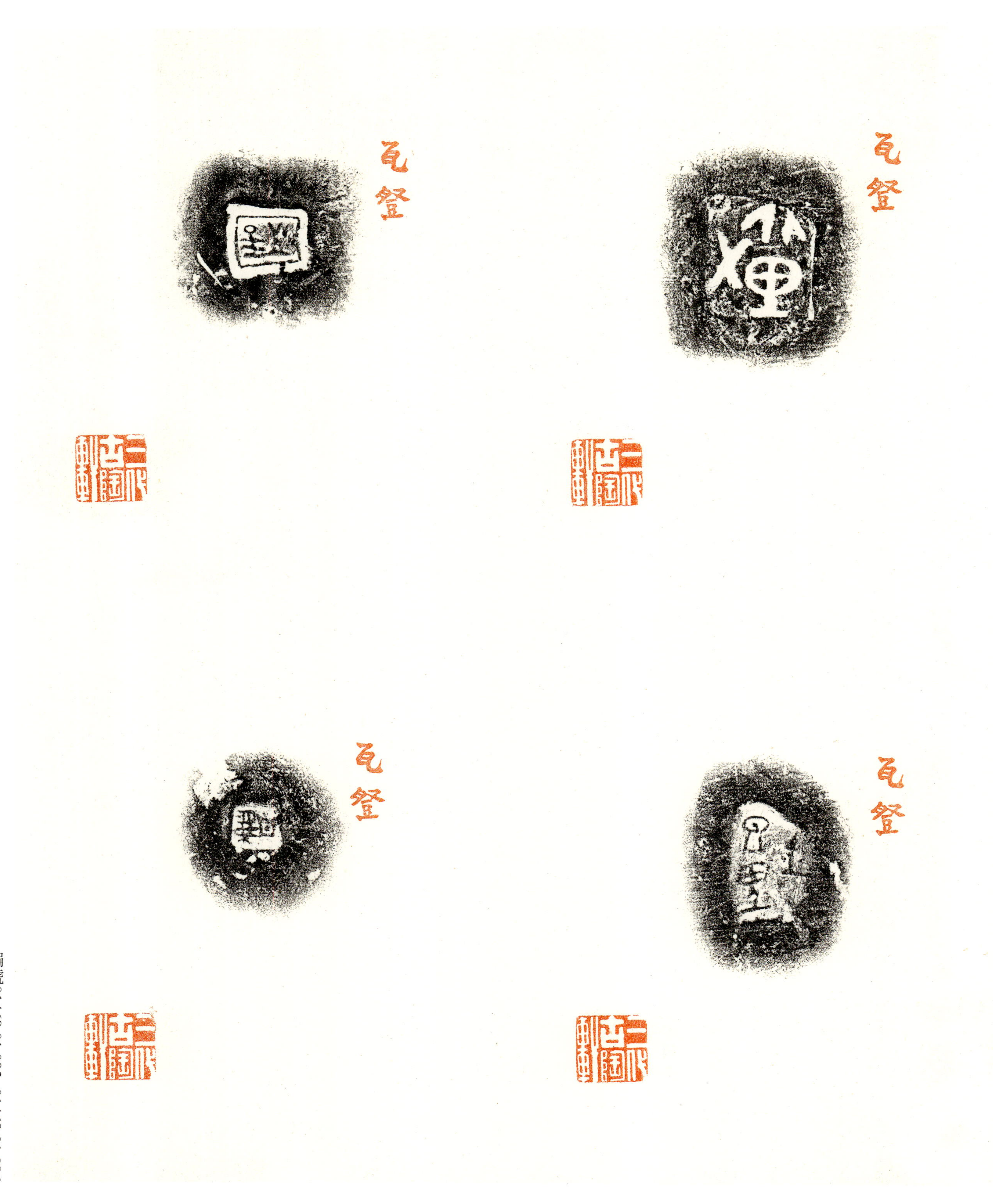

編號01469.01.093-01469.01.096

瓦登

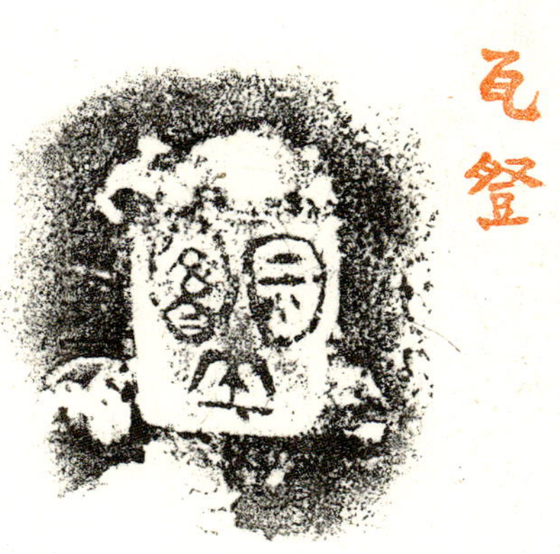

瓦登

瓦登

編號01469.01.097–01469.01.100

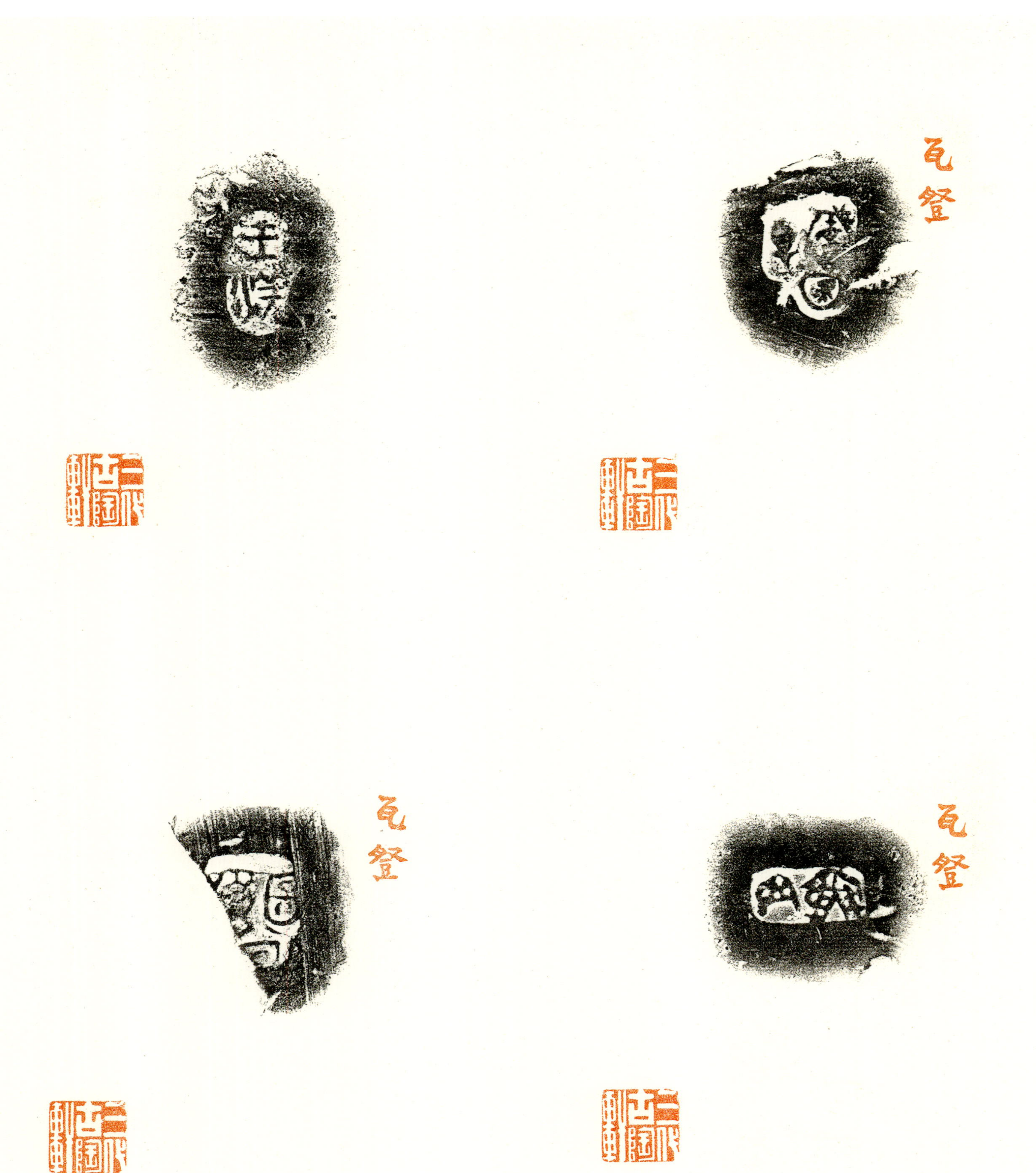

編號01469.01.101—01469.01.104

瓦登

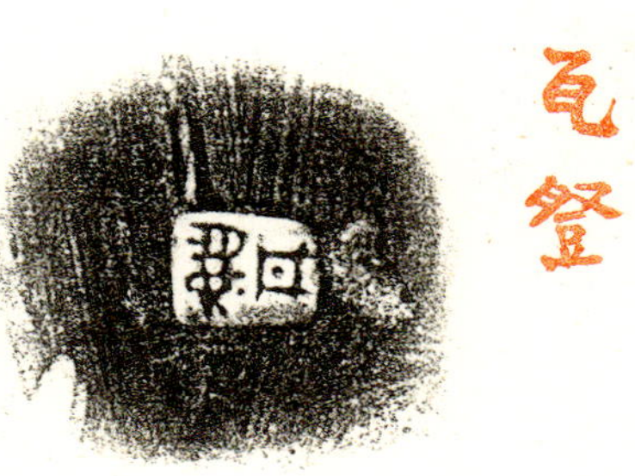

瓦登

瓦登

瓦登

編號01469.01.105–01469.01.108

瓦登

瓦登

瓦登

瓦登

編號01469.01.109–01469.01.112

瓦登

瓦登

瓦登

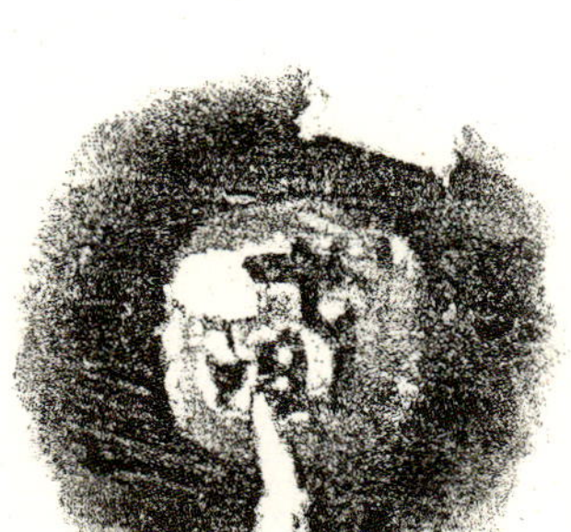

瓦登

編號01469.01.113–01469.01.116

瓦登

瓦登

瓦登

編號01469.01.117–01469.01.120

瓦登

瓦登

瓦登

瓦登

編號01469.01.121–01469.01.124

瓦登

瓦登

瓦登

瓦登

編號01469.01.125-01469.01.128

瓦登

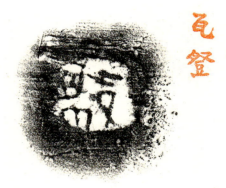

瓦登

瓦登

瓦登

編號01469.01.129–01469.01.132

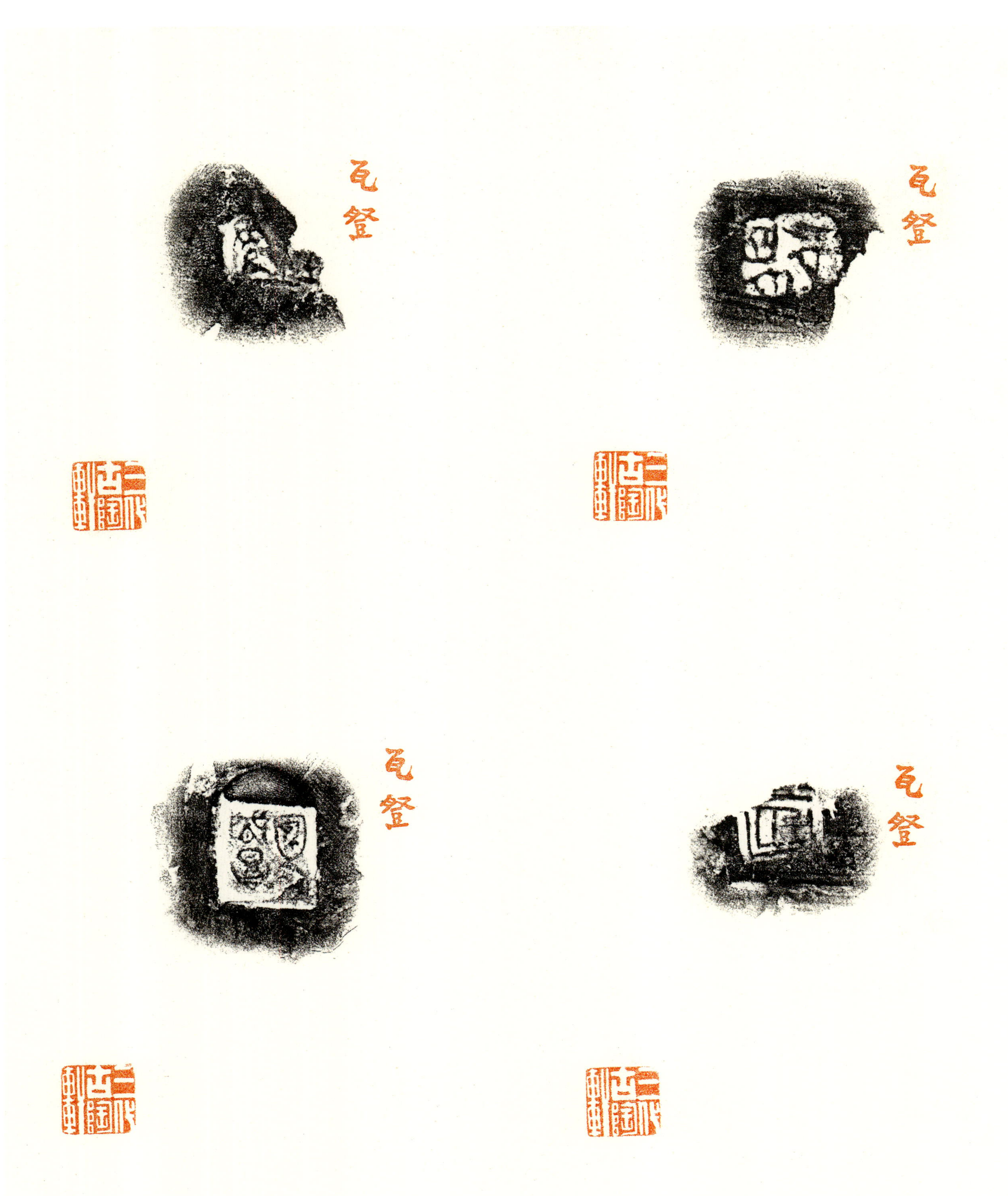

編號01469.01.133–01469.01.136

瓦登

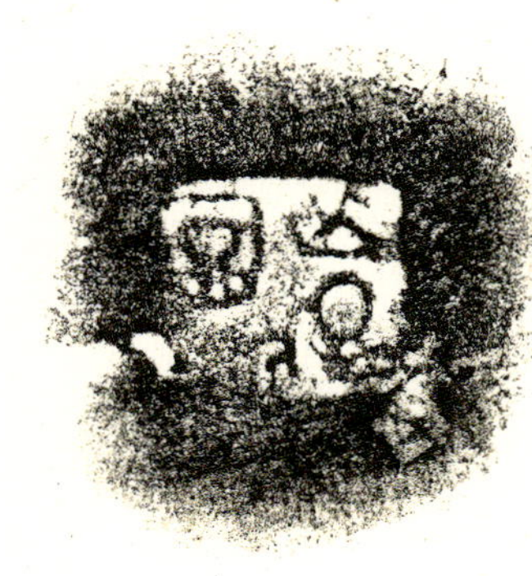

編號01469.01.137–01469.01.140

編號01469.01.141–01469.01.144

瓦登

瓦登

瓦登

瓦登

編號01469.01.145–01469.01.148

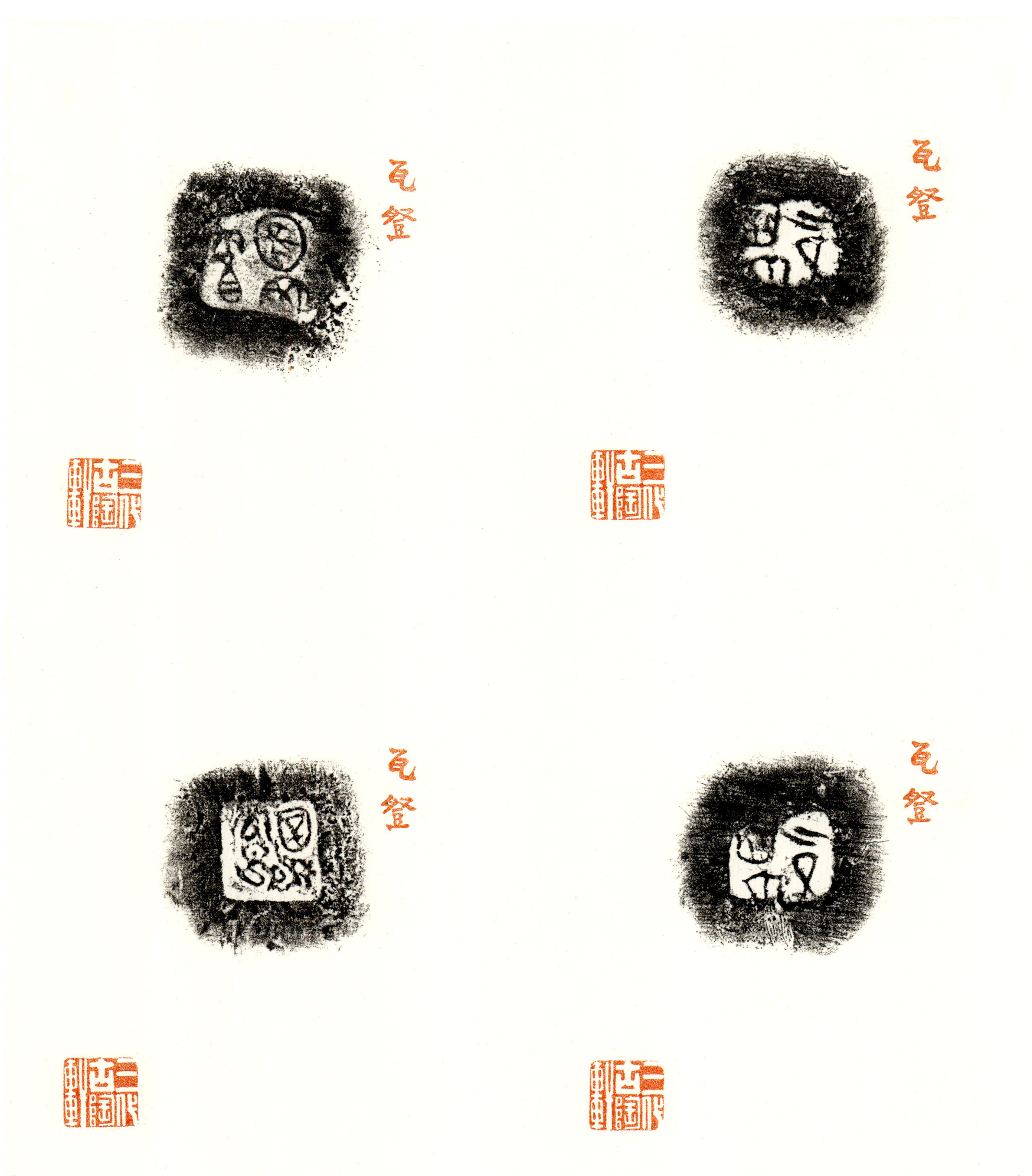

編號01469.01.149–01469.01.152

瓦登

瓦登

瓦登

瓦登

編號01469.01.153–01469.01.156

編號01469.01.157–01469.01.160

瓦登

瓦登

瓦登

瓦登

編號01469.01.161–01469.01.164

瓦登

瓦登

瓦登

瓦登

編號01469.01.165–01469.01.168

瓦登

瓦登

瓦登

瓦登

編號01469.01.169–01469.01.172

瓦登

編號01469.01.173–01469.01.176

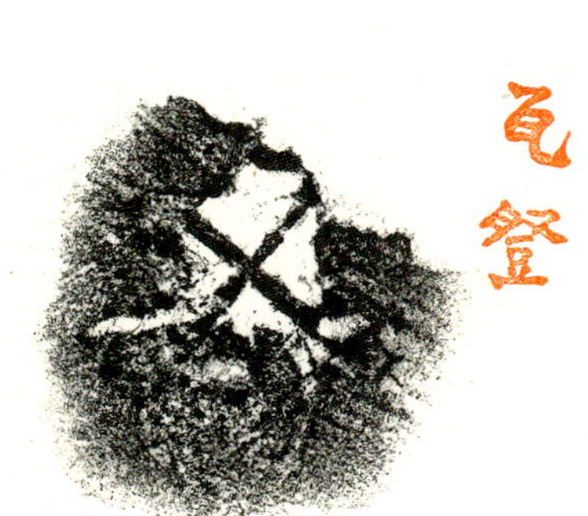

瓦登

瓦登

瓦登

瓦登

編號01469.01.177–01469.01.180

瓦登

瓦登

瓦登

瓦登

編號01469.01.181–01469.01.184

瓦登

瓦登

瓦登

瓦登

編號01469.01.185–01469.01.188

編號01469.01.189–01469.01.192

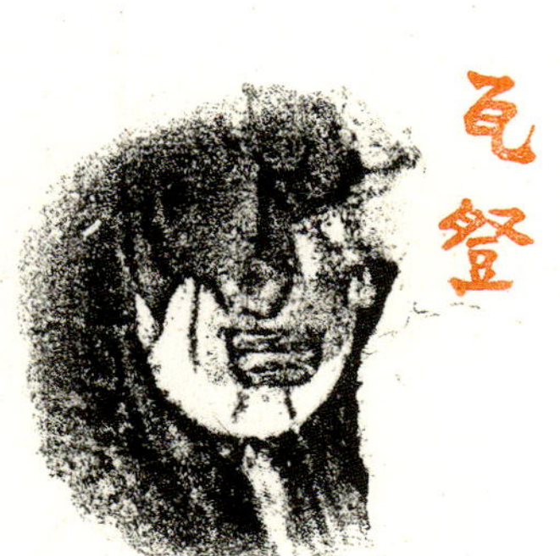

編號01469.01.193–01469.01.196

瓦登

瓦登

瓦登

瓦登

編號01469.01.197-01469.01.200

編號01469.01.201–01469.01.204

編號01469.01.205-01469.01.208

瓦登

瓦登

瓦登

瓦登

編號01469.01.209-01469.01.212

編號01469.01.213–01469.01.216

瓦登

瓦登

瓦登

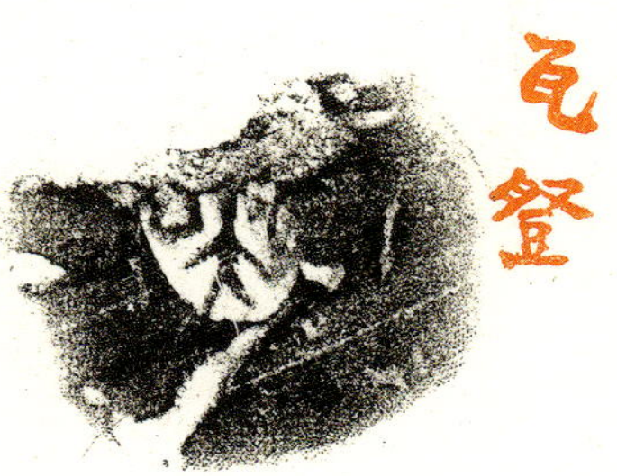

瓦登

編號01469.01.217–01469.01.220

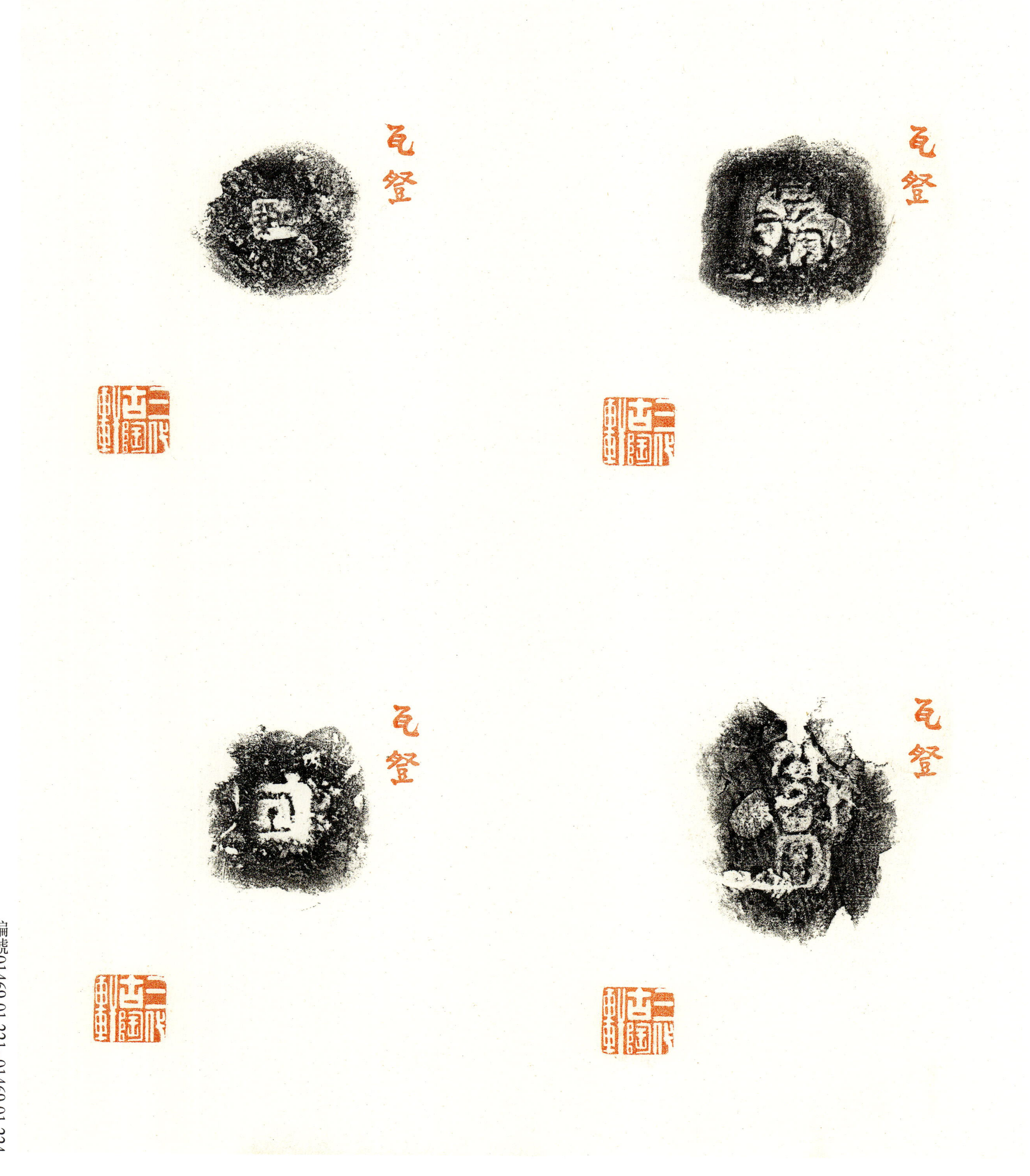

編號01469.01.221–01469.01.224

瓦登

瓦登

瓦登

瓦登

編號01469.01.225-01469.01.228

瓦登

瓦登

瓦登

瓦登

編號01469.01.229–01469.01.232

瓦登

瓦登

瓦登

瓦登

編號01469.01.233–01469.01.236

編號01469.01.237–01469.01.240

瓦登

瓦登

瓦登

瓦登

編號01469.01.241–01469.01.244

編號01469.01.245-01469.01.248

瓦登

瓦登

瓦登

瓦登

編號01469.01.249–01469.01.252

編號01469.01.253–01469.01.256

編號01469.01.257–01469.01.260

編號01469.01.261–01469.01.264

瓦登

瓦登

瓦登

瓦登

編號01469.01.265–01469.01.268

編號01469.01.269–01469.01.272

瓦登

瓦登

瓦登

瓦登

編號01469.01.273-01469.01.276

瓦登

瓦登

瓦登

瓦登

編號01469.01.277-01469.01.280

編號01469.01.281–01469.01.284

瓦登

瓦登

瓦登

瓦登

編號01469.01.285–01469.01.288

瓦登

瓦登

瓦登

瓦登

編號01469.01.289–01469.01.292

瓦登

瓦登

瓦登

瓦登

編號01469.01.293-01469.01.296

編號01469.01.297–01469.01.300

瓦登

瓦登

瓦登

瓦登

編號01469.01.301–01469.01.304

瓦登

瓦登

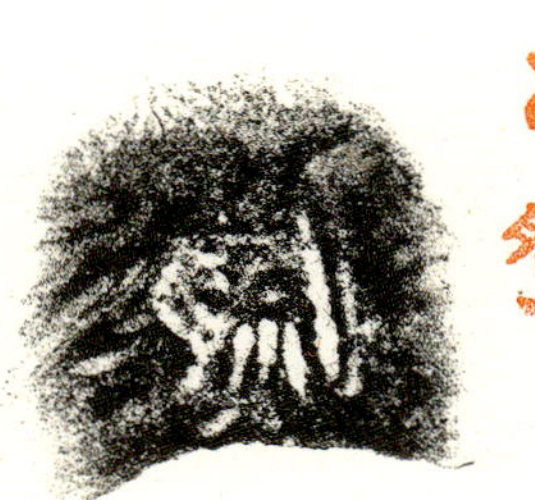

瓦登

編號01469.01.305–01469.01.308

編號01469.01.309-01469.01.312

瓦登

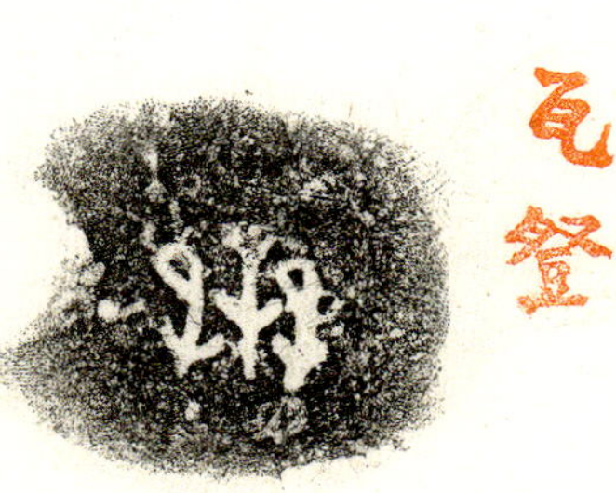

瓦登

瓦登

瓦登

編號01469.01.313–01469.01.316

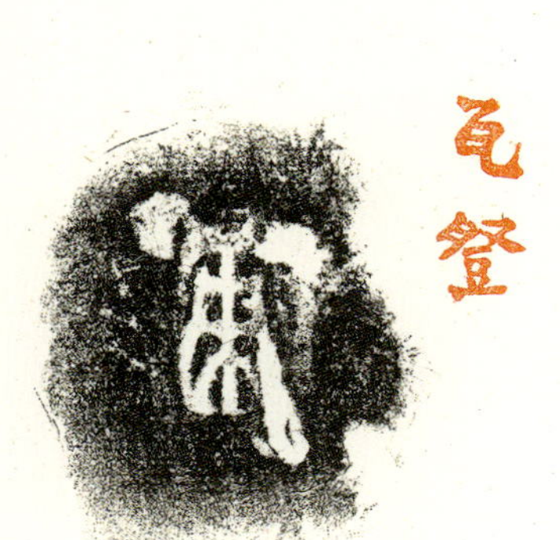
瓦登

瓦登

瓦登

瓦登

編號01469.01.317–01469.01.320

編號01469.02.001–01469.02.004

編號01469.02.005-01469.02.008

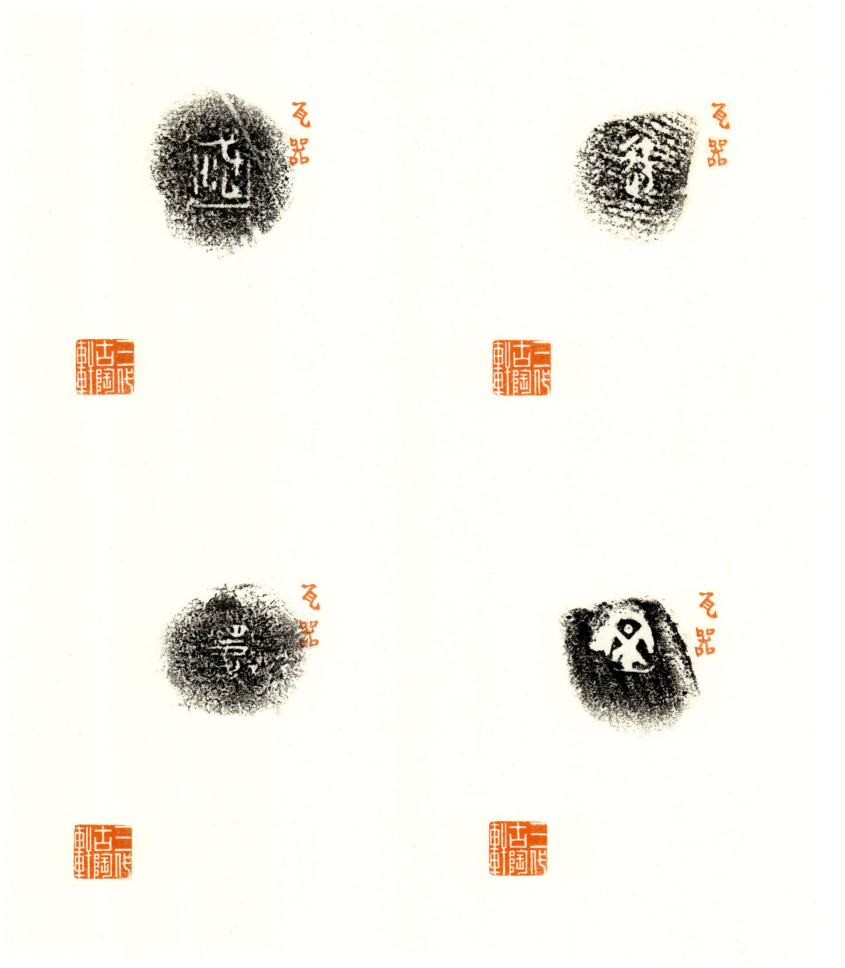

瓦器

瓦器

瓦器

瓦器

編號01469.02.009–01469.02.012

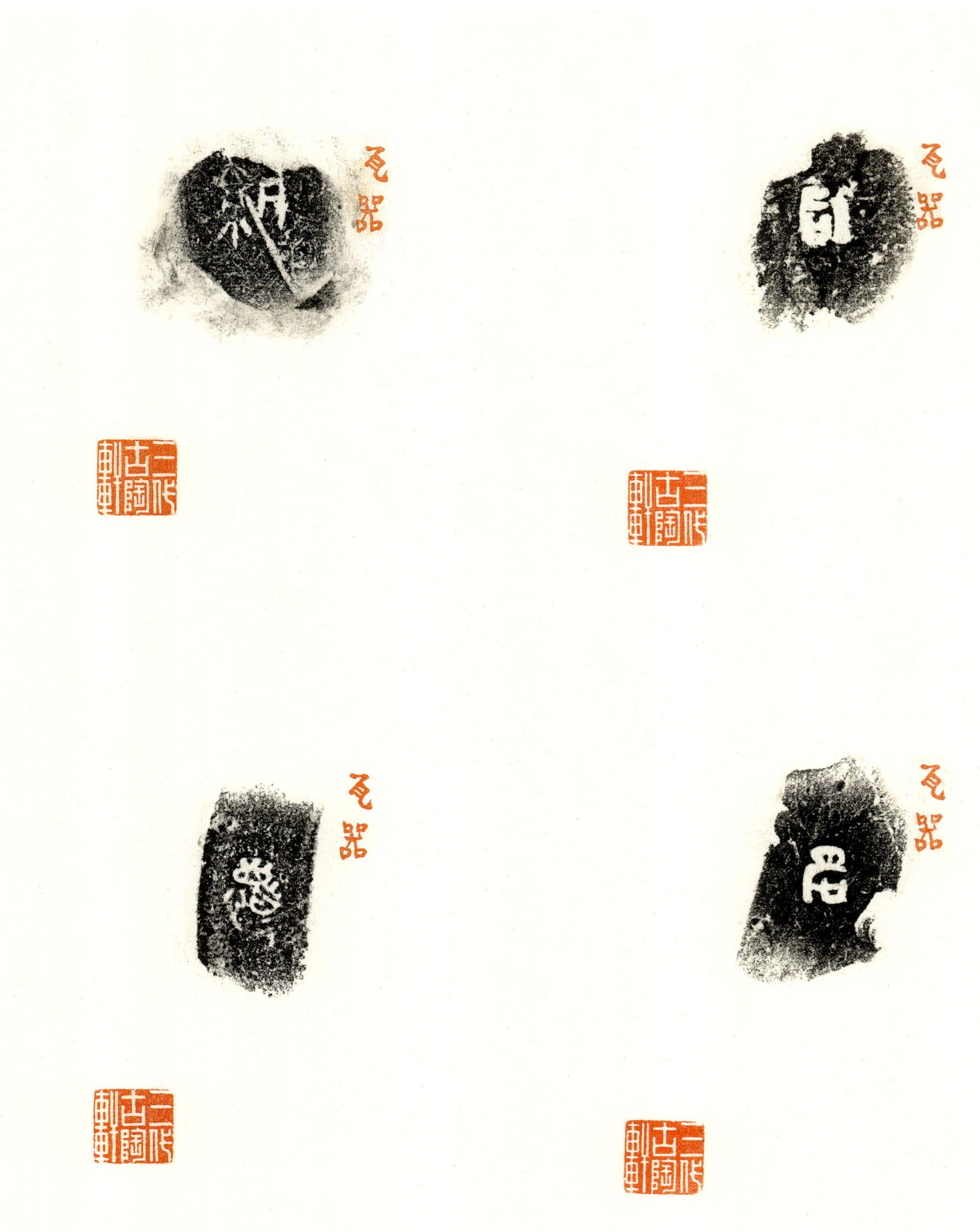

編號01469.02.013–01469.02.016

編號01469.02.017–01469.02.020

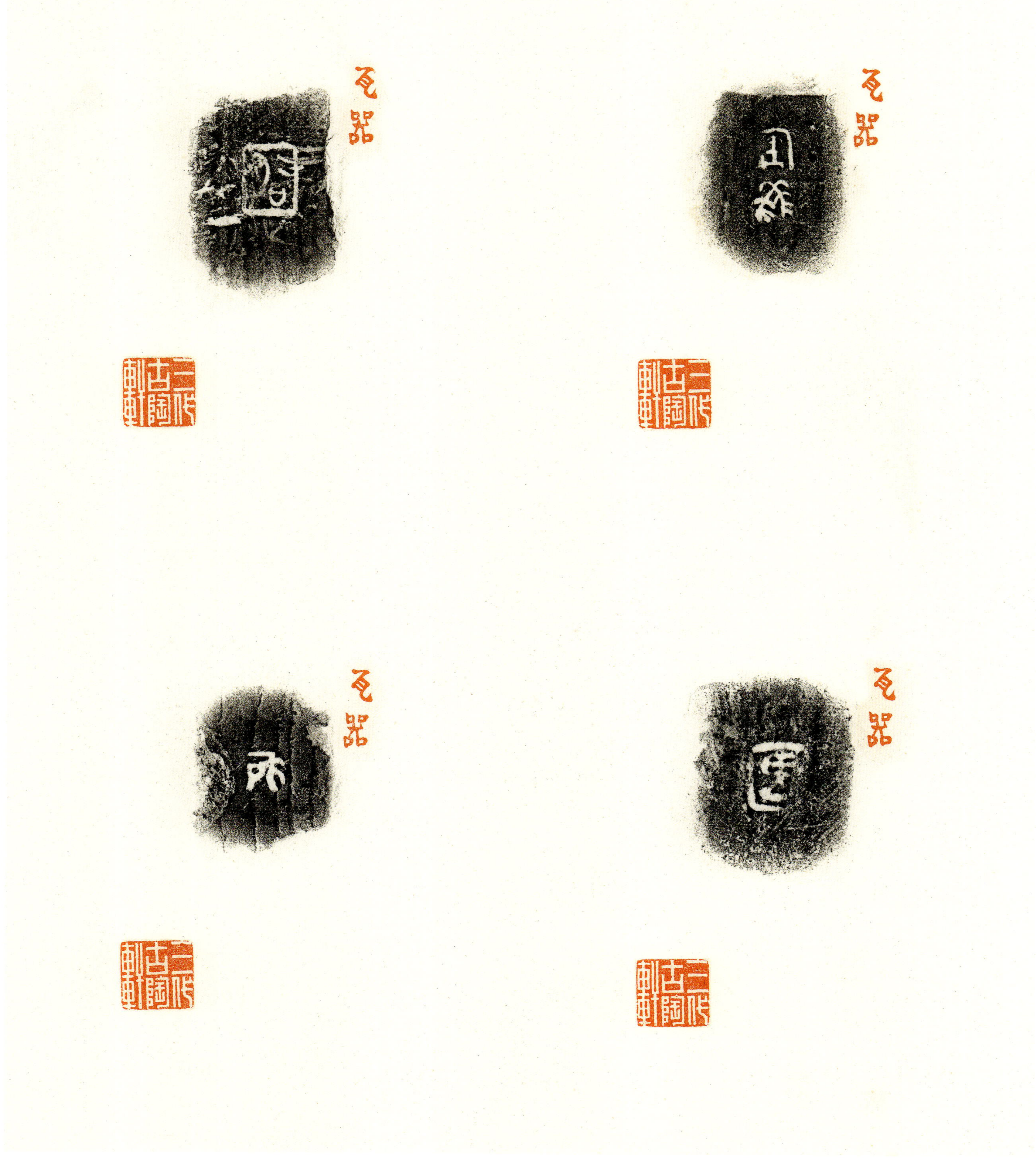

編號01469.02.021-01469.02.024

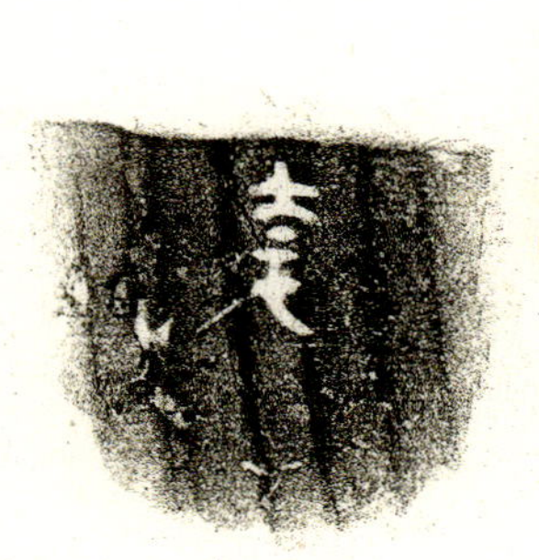

編號01469.02.025-01469.02.028

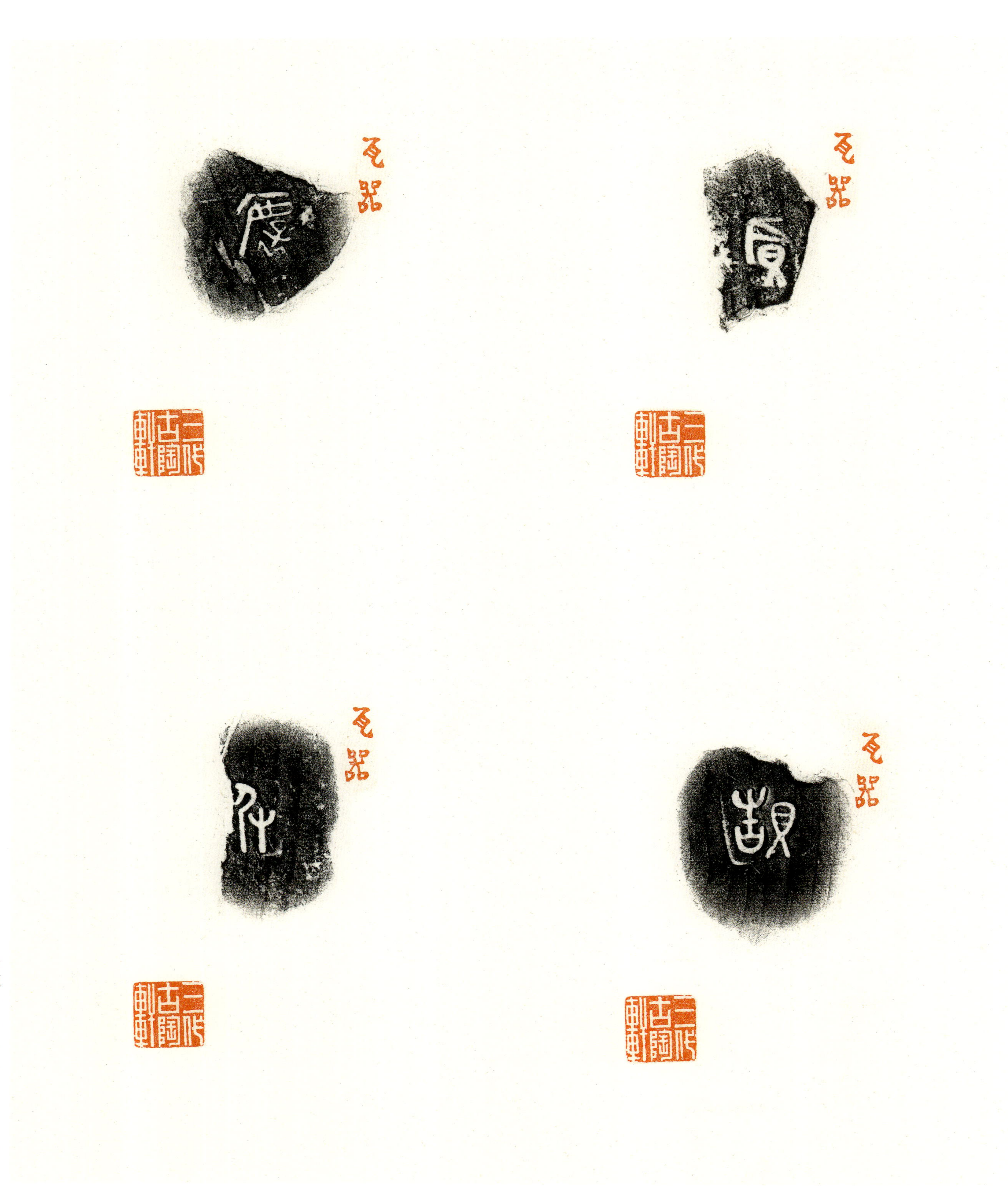

編號01469.02.029–01469.02.032

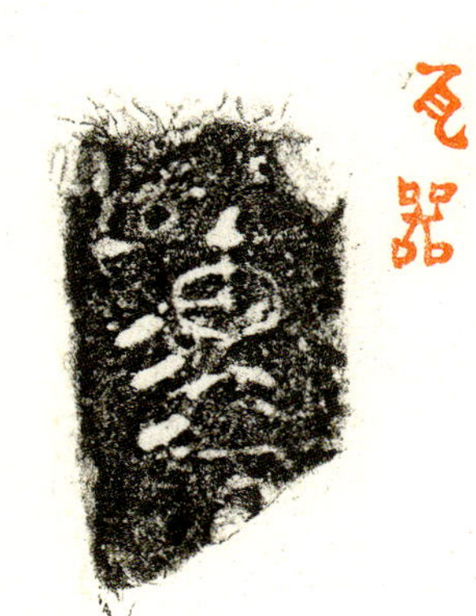

瓦器

瓦器

瓦器

瓦器

編號01469.02.033–01469.02.036

編號01469.02.037–01469.02.040

瓦器

瓦器

瓦器

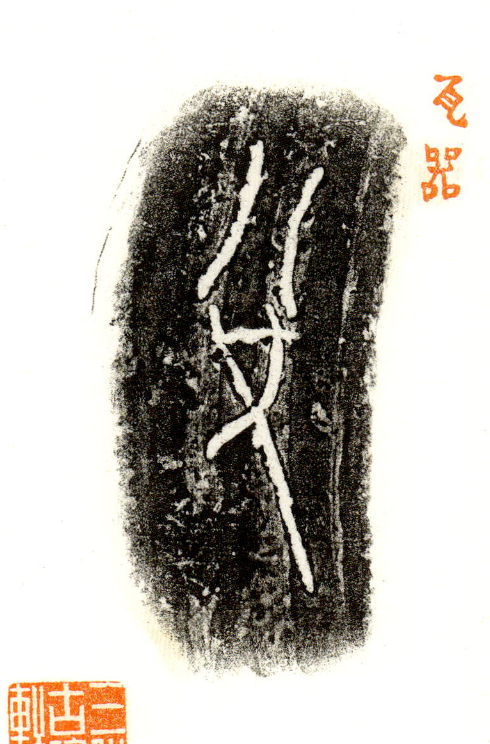

瓦器

編號01469.02.041–01469.02.044

編號01469.02.045-01469.02.048

編號01469.02.049–01469.02.052

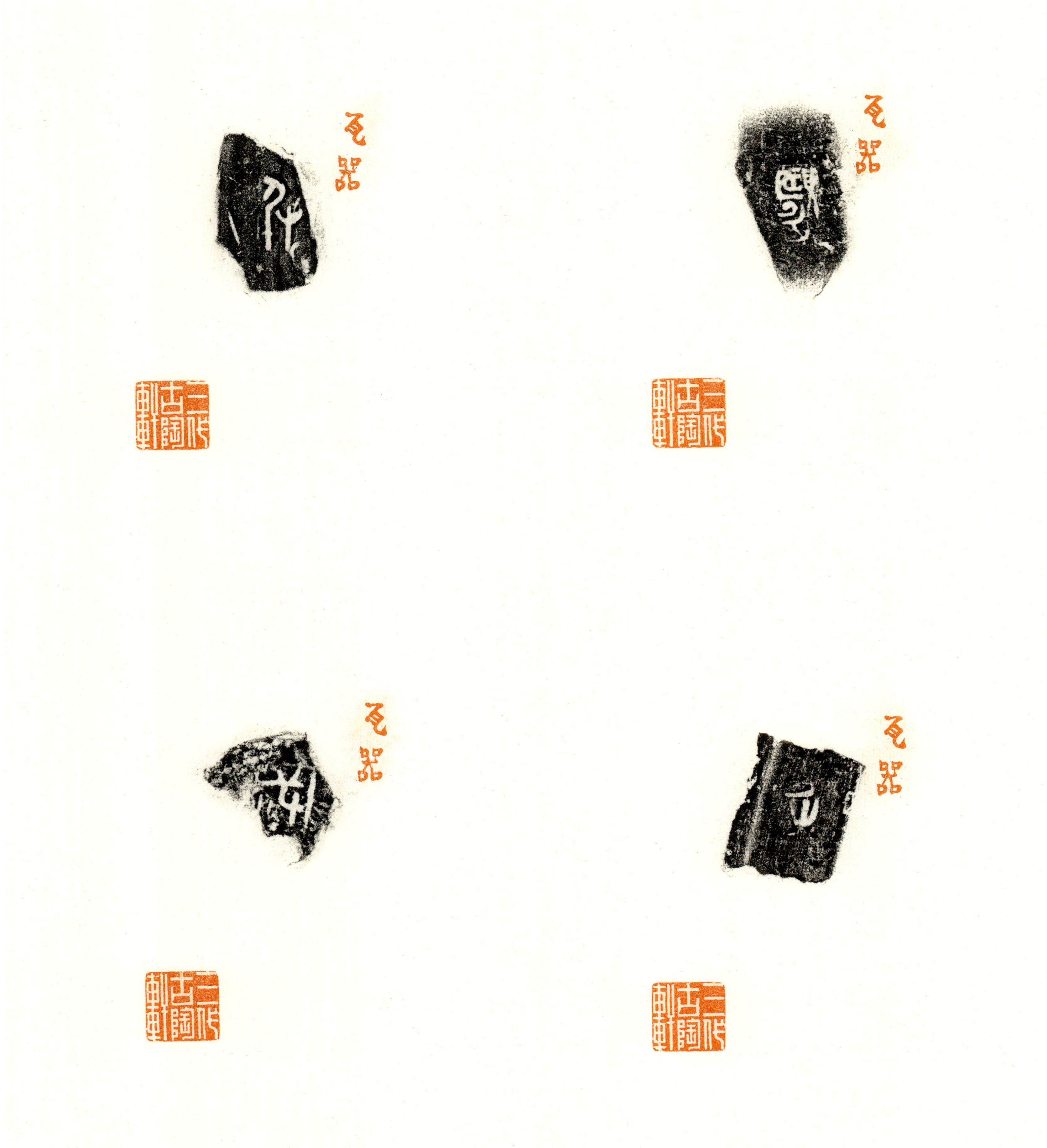

編號01469.02.053–01469.02.056

瓦器

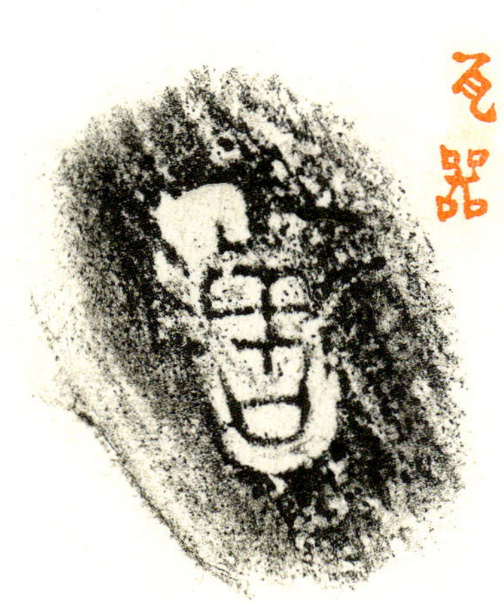

瓦器

瓦器

瓦器

編號01469.02.057–01469.02.060

編號01469.02.061–01469.02.064

編號01469.02.065–01469.02.068

編號01469.02.069–01469.02.072

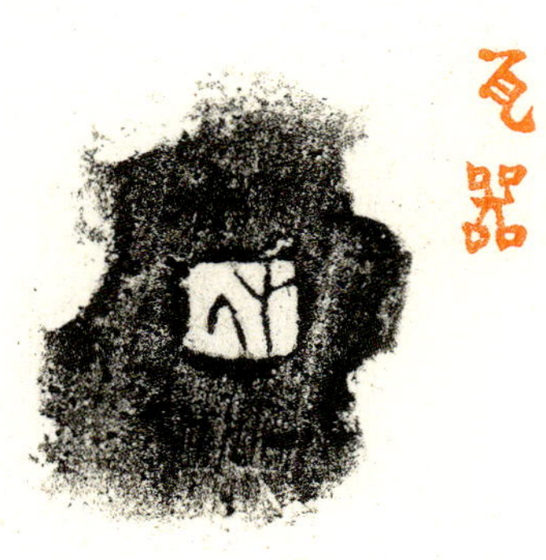

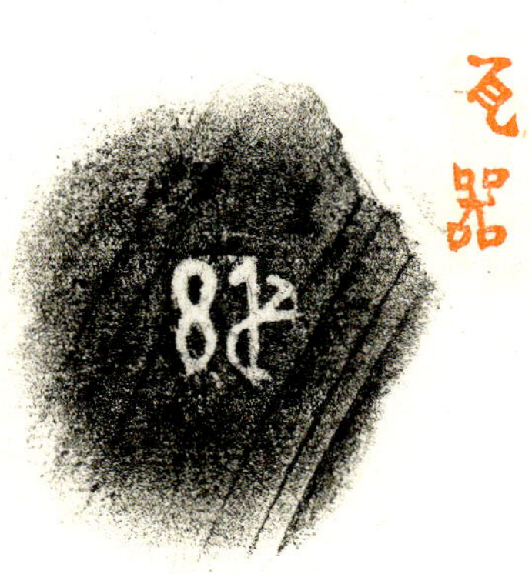

編號01469.02.073–01469.02.076

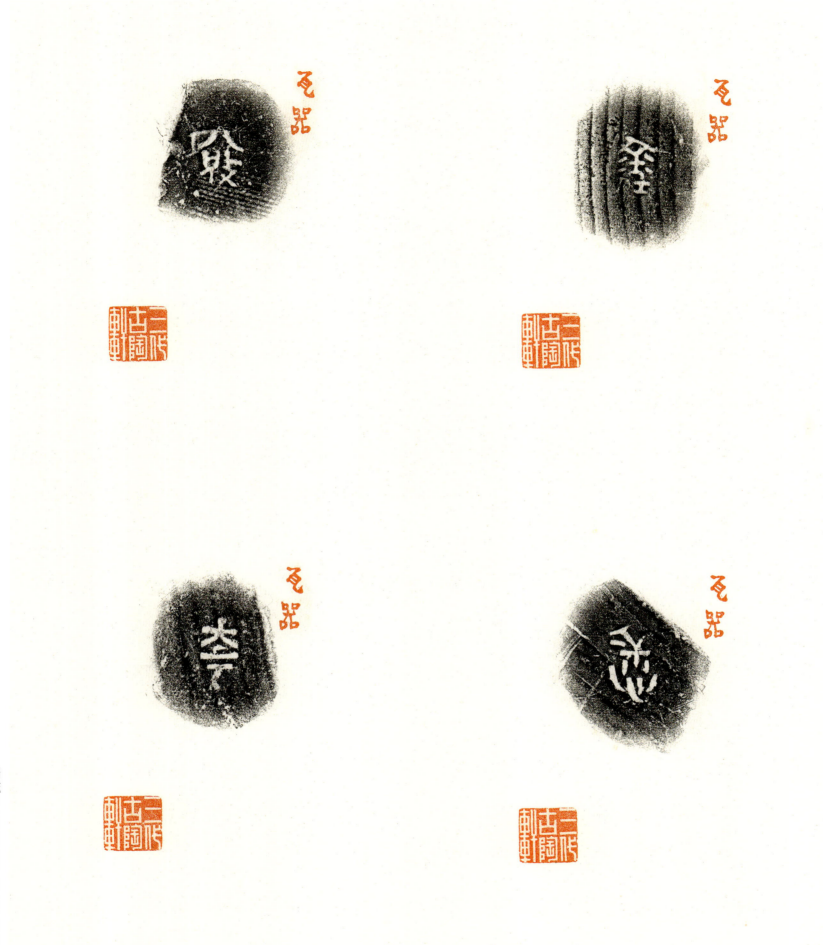

編號01469.02.077–01469.02.080

編號01469.02.081–01469.02.084

編號01469.02.085–01469.02.088

瓦器

瓦器

瓦器

瓦器

編號01469.02.089–01469.02.092

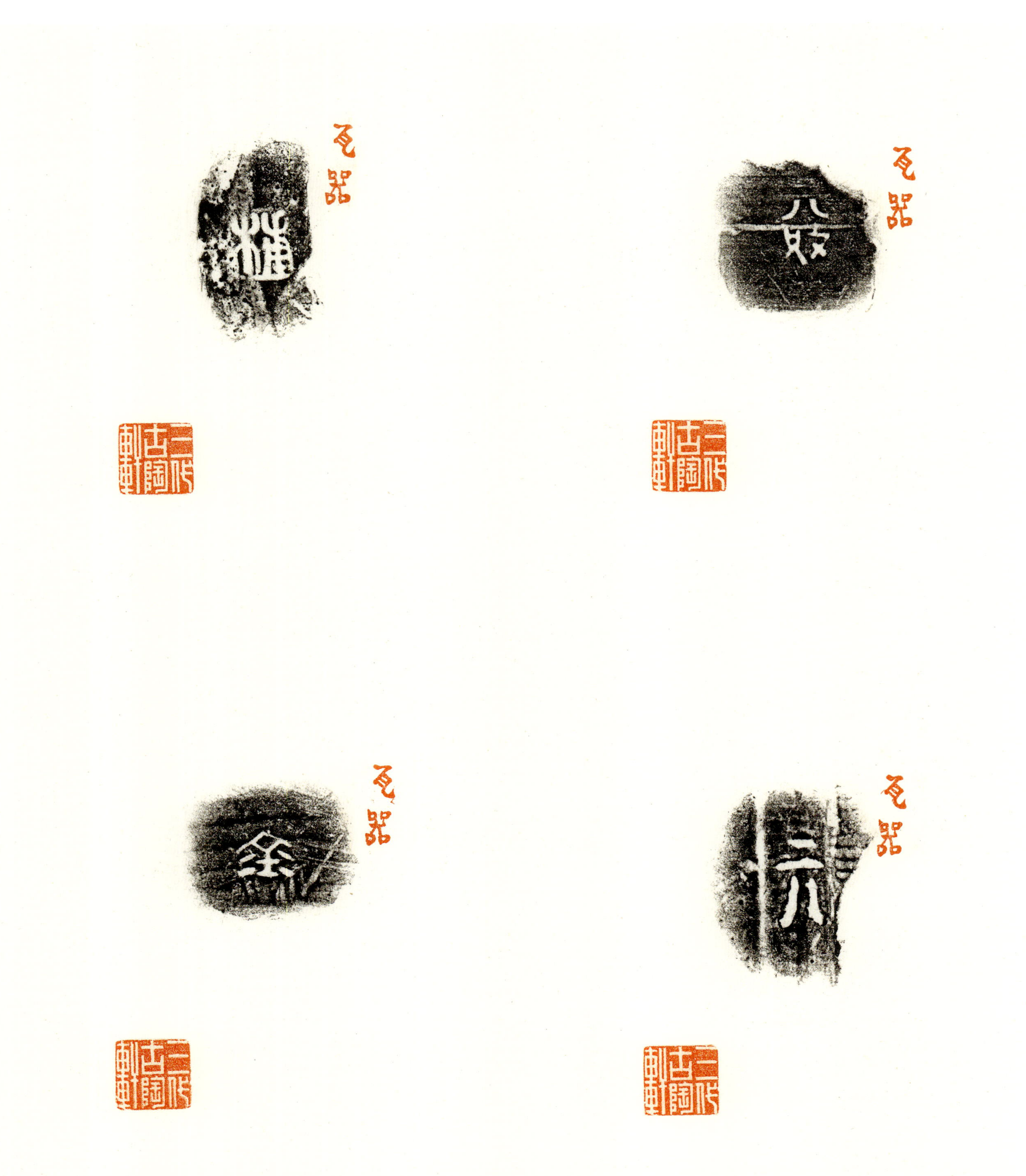

編號01469.02.093-01469.02.096

編號01469.02.097–01469.02.100

編號01469.02.101–01469.02.104

編號01469.02.105–01469.02.108

瓦器

瓦器

瓦器

瓦器

編號01469.02.109–01469.02.112

瓦器

瓦器

瓦器

瓦器

編號01469.02.113–01469.02.116

瓦器

瓦器

瓦器

瓦器

編號01469.02.117–01469.02.120

瓦器

瓦器

瓦器

編號01469.02.121–01469.02.124

編號01469.02.125–01469.02.128

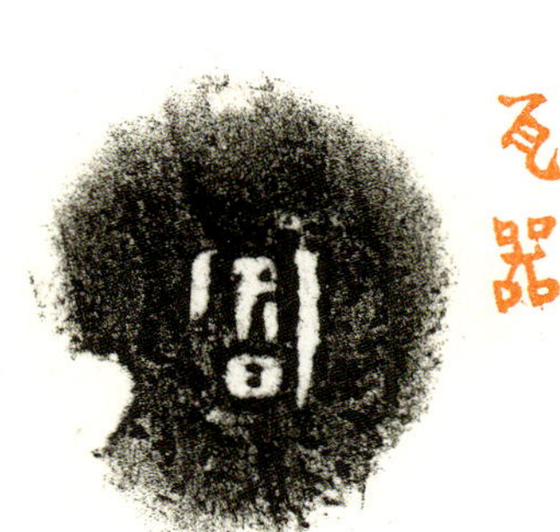

編號01469.02.129–01469.02.132

编號01469.02.133–01469.02.136

瓦器

瓦器

瓦器

瓦器

編號01469.02.137-01469.02.140

瓦器

瓦器

瓦器

瓦器

編號01469.02.141–01469.02.144

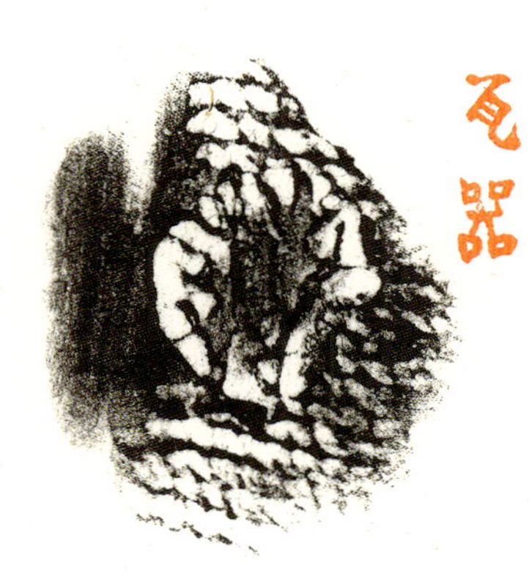

瓦器

瓦器

瓦器

编號01469.02.145–01469.02.148

編號01469.02.149–01469.02.152

編號01469.02.153–01469.02.156

瓦器

瓦器

瓦器

瓦器

編號01469.02.157–01469.02.160

瓦器

瓦器

瓦器

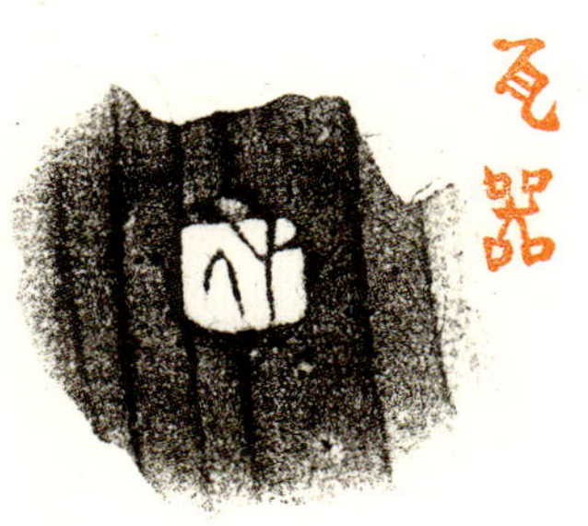

瓦器

編號01469.02.161–01469.02.164

編號01469.02.165-01469.02.168

瓦器

瓦器

瓦器

瓦器

編號01469.02.169–01469.02.172

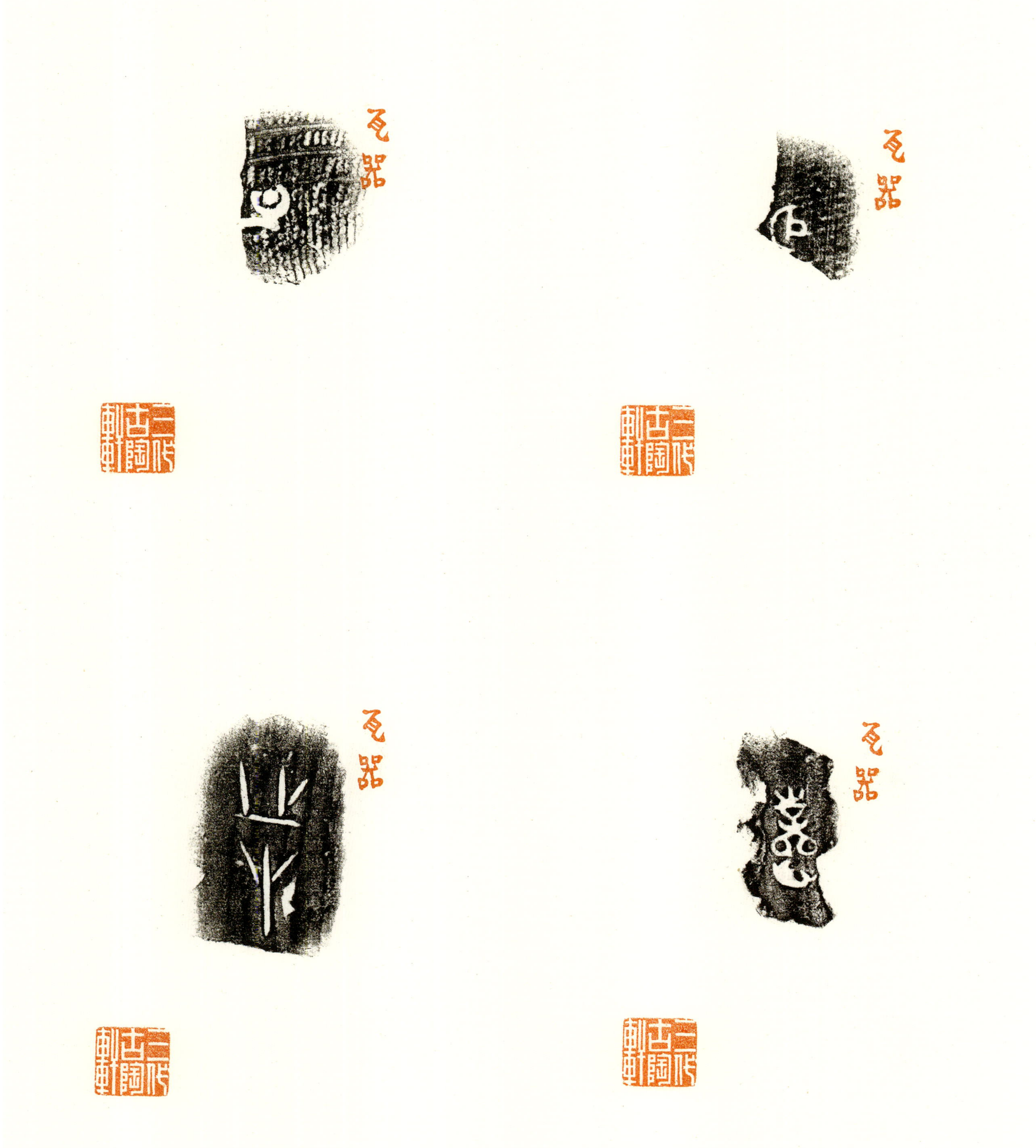

編號01469.02.173–01469.02.176

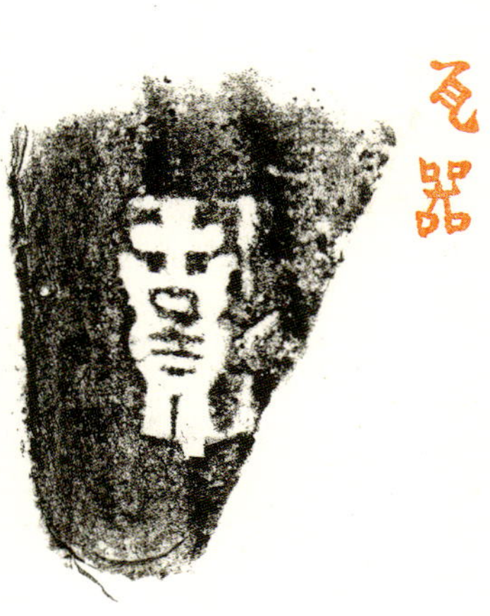

編號01469.02.177–01469.02.180

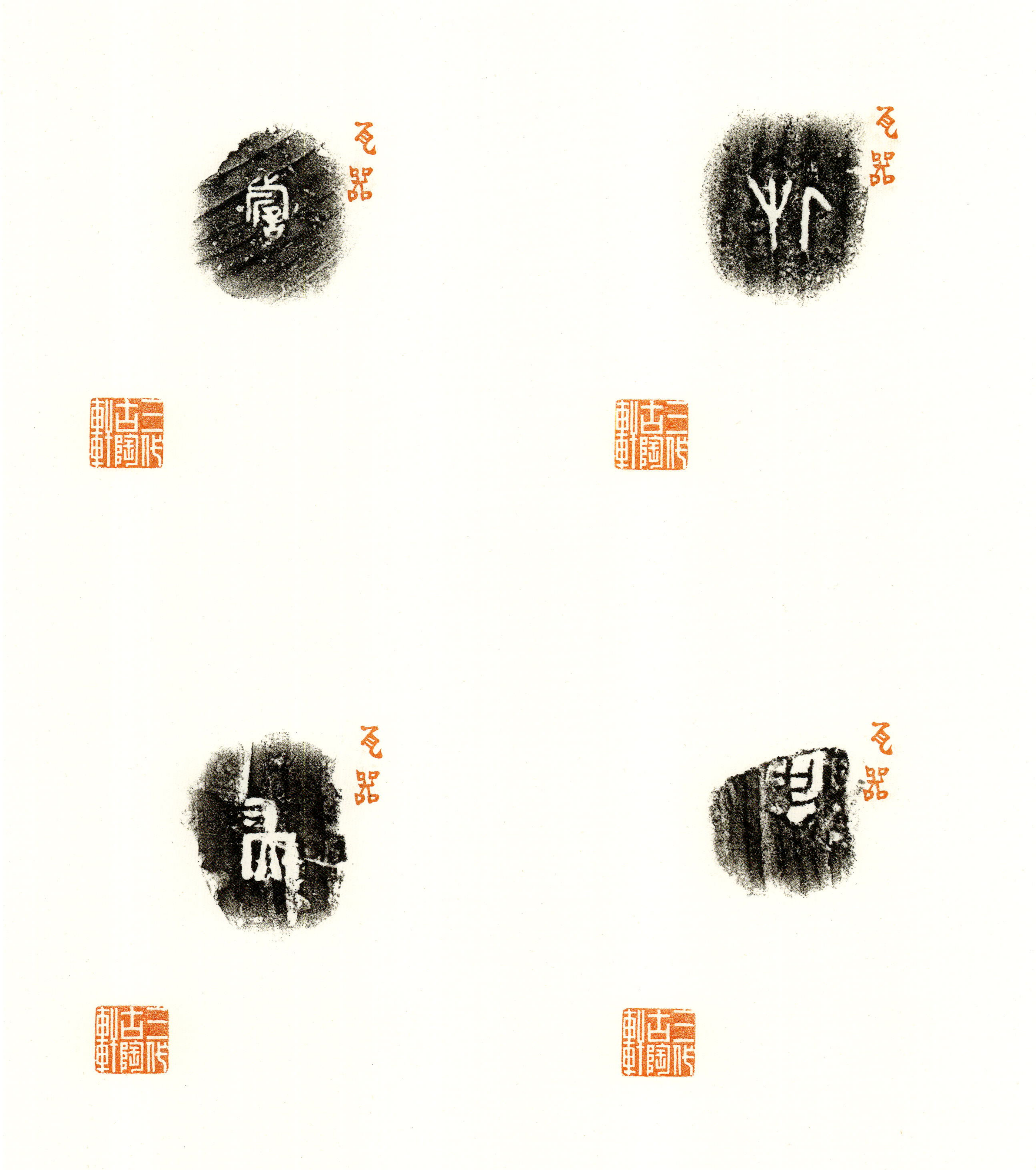

編號01469.02.181–01469.02.184

瓦器

瓦器

瓦器

瓦器

編號01469.02.185–01469.02.188

編號01469.02.189–01469.02.192

瓦器

瓦器

瓦器

瓦器

編號01469.02.193–01469.02.196

瓦器

瓦器

瓦器

瓦器

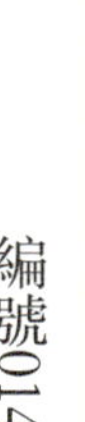
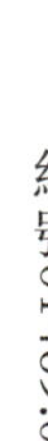

編號01469.02.197–01469.02.200

編號01469.02.201–01469.02.204

編號01469.02.205-01469.02.208

瓦器

瓦器

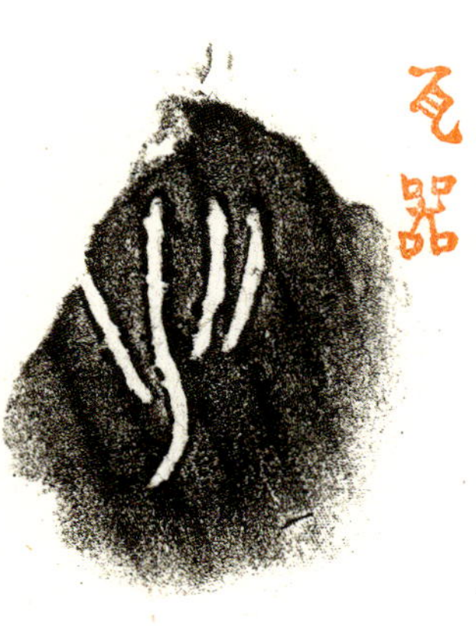

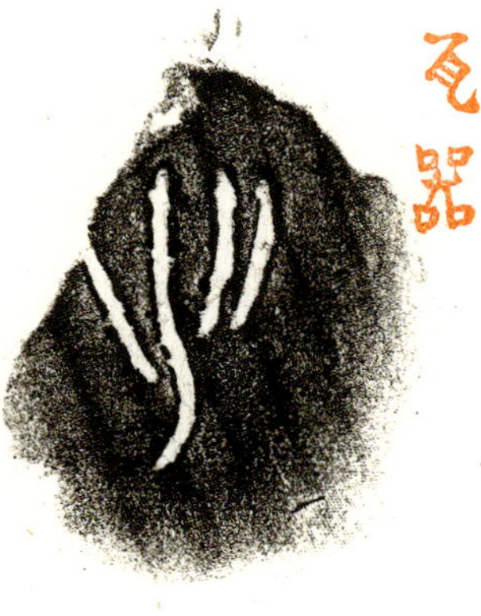

瓦器

瓦器

編號01469.02.209–01469.02.212

瓦器

瓦器

瓦器

瓦器

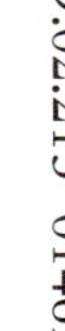

編號01469.02.213–01469.02.216

編號01469.02.217–01469.02.220

編號01469.02.221—01469.02.224

瓦器

瓦器

瓦器

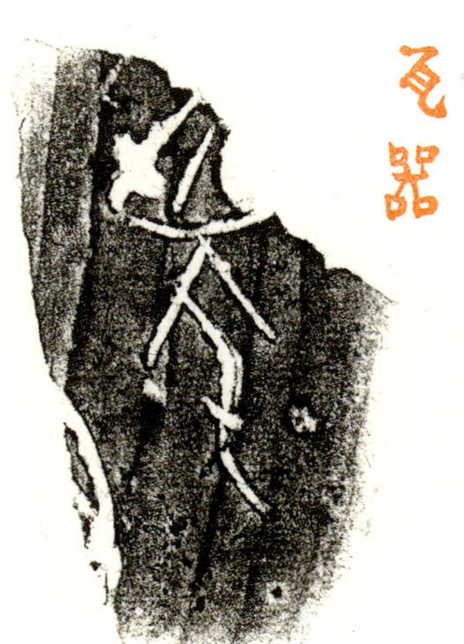

瓦器

編號01469.02.225–01469.02.228

瓦器

瓦器

瓦器

瓦器

編號01469.02.229—01469.02.232

編號01469.02.233–01469.02.236

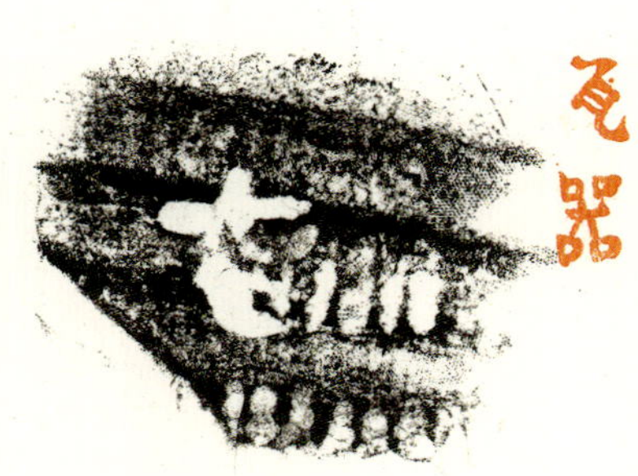

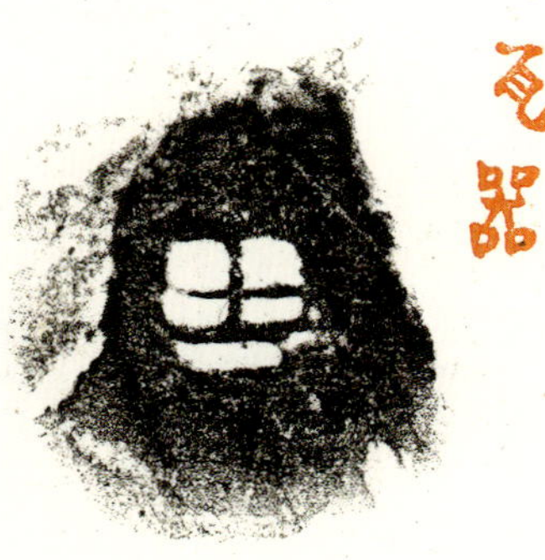

編號01469.02.237–01469.02.240

瓦器

瓦器

瓦器

瓦器

編號01469.02.241–01469.02.244

編號01469.02.245–01469.02.248

瓦器

瓦器

瓦器

瓦器

編號01469.02.249–01469.02.252

瓦器

瓦器

瓦器

瓦器

編號01469.02.253-01469.02.256

瓦器

瓦器

瓦器

瓦器

編號01469.02.257–01469.02.260

瓦器

編號01469.02.261–01469.02.264

編號01469.02.265–01469.02.268

編號01469.02.269–01469.02.272

編號01469.02.273–01469.02.276

編號01469.02.277-01469.02.280

編號01469.02.281-01469.02.284

編號01469.02.285–01469.02.288

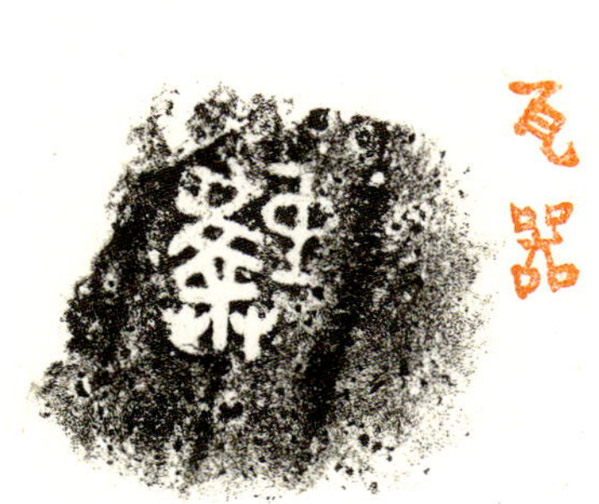

編號01469.02.289–01469.02.292

瓦器

瓦器

瓦器

瓦器

編號01469.02.293-01469.02.296

瓦器

瓦器

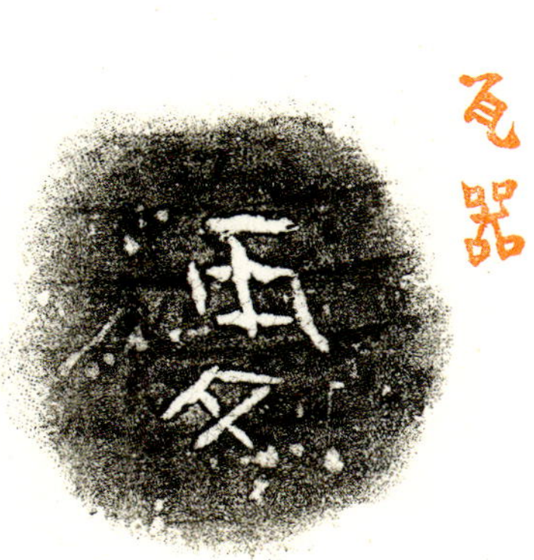

瓦器

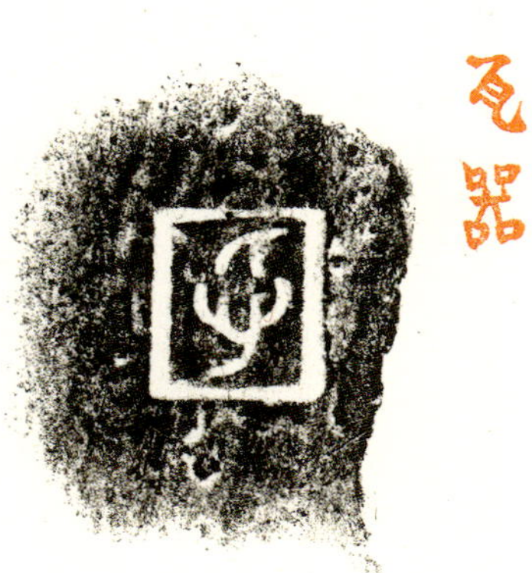

瓦器

編號01469.02.297–01469.02.300

瓦器

瓦器

瓦器

瓦器

編號01469.02.301-01469.02.304

編號01469.02.305–01469.02.308

瓦器

瓦器

瓦器

瓦器

編號01469.02.309–01469.02.312

編號01469.02.313-01469.02.316

瓦器

瓦器

瓦器

瓦器

編號01469.02.317–01469.02.320

瓦登

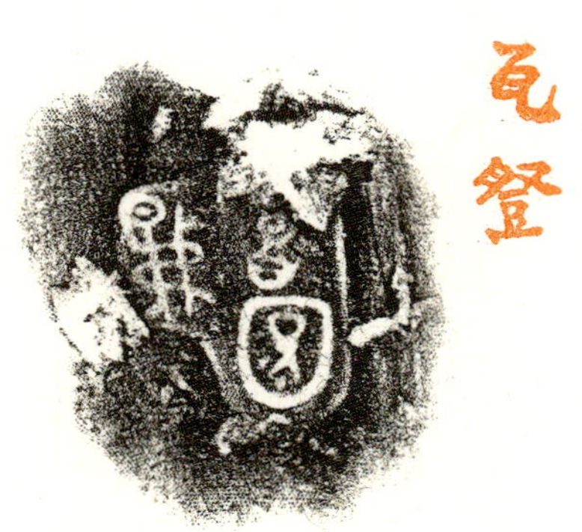

瓦登

瓦登

瓦登

編號01469.03.001–01469.03.004

編號01469.03.005–01469.03.008

編號01469.03.009–01469.03.012

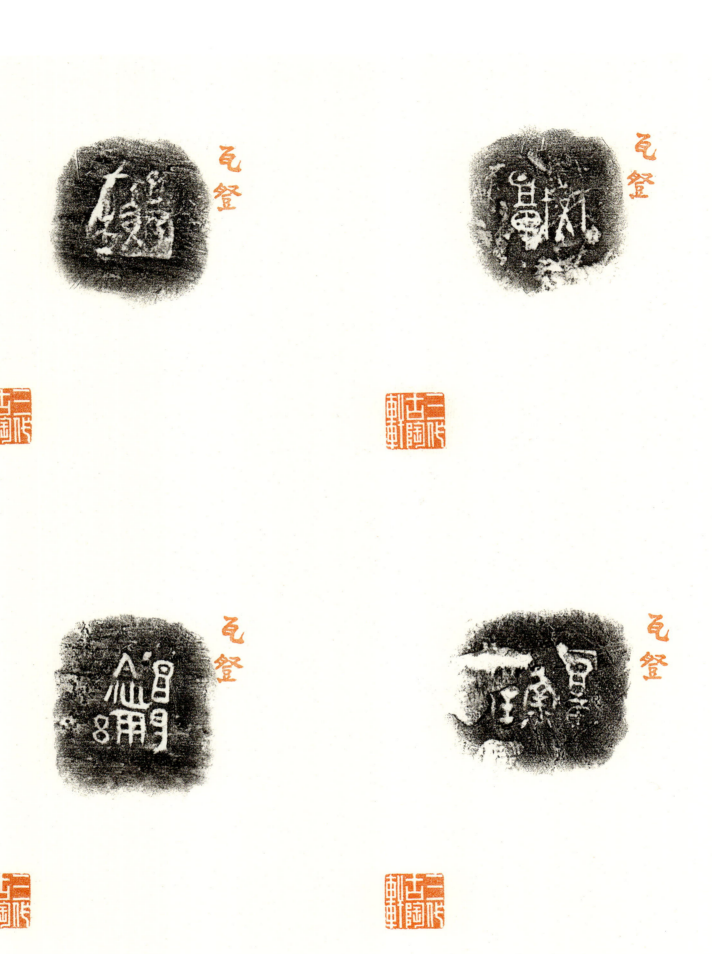

編號01469.03.013–01469.03.016

瓦登

瓦登

瓦登

瓦登

編號01469.03.017–01469.03.020

編號01469.03.021–01469.03.024

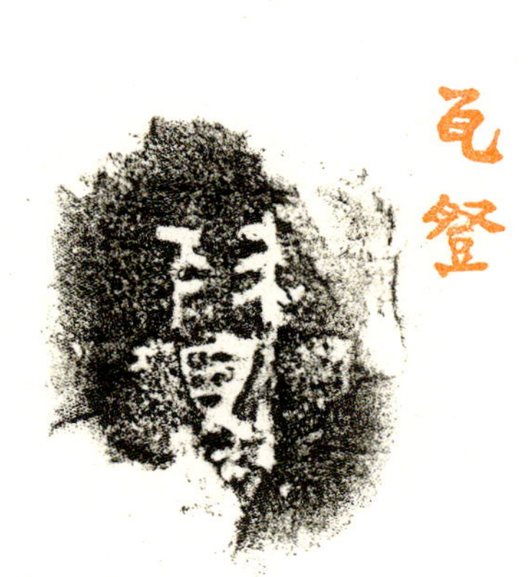

瓦登

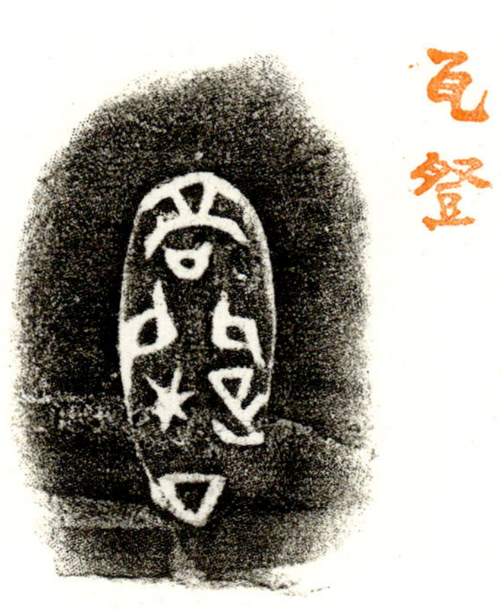

瓦登

瓦登

瓦登

編號01469.03.025–01469.03.028

編號01469.03.029–01469.03.032

瓦登

瓦登

瓦登

瓦登

編號01469.03.033–01469.03.036

編號01469.03.037–01469.03.040

瓦登

瓦登

瓦登

瓦登

編號01469.03.041–01469.03.044

瓦登

瓦登

瓦登

瓦登

編號01469.03.045-01469.03.048

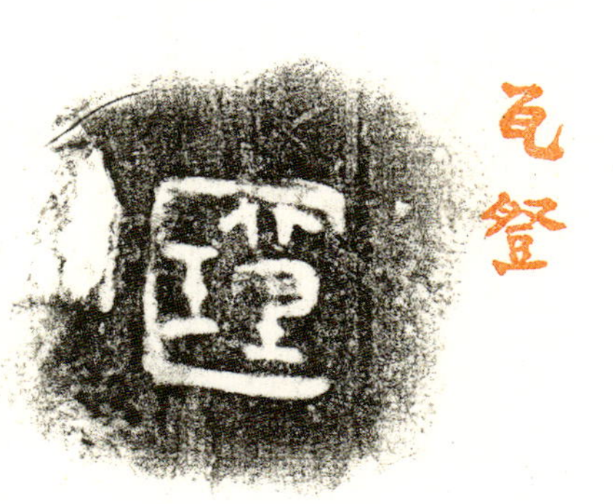
瓦登

瓦登

瓦登

瓦登

編號01469.03.049–01469.03.052

編號01469.03.053–01469.03.056

瓦登

瓦登

瓦登

瓦登

編號01469.03.057–01469.03.060

瓦登

瓦登

瓦登

瓦登

編號01469.03.061–01469.03.064

瓦登

瓦登

瓦登

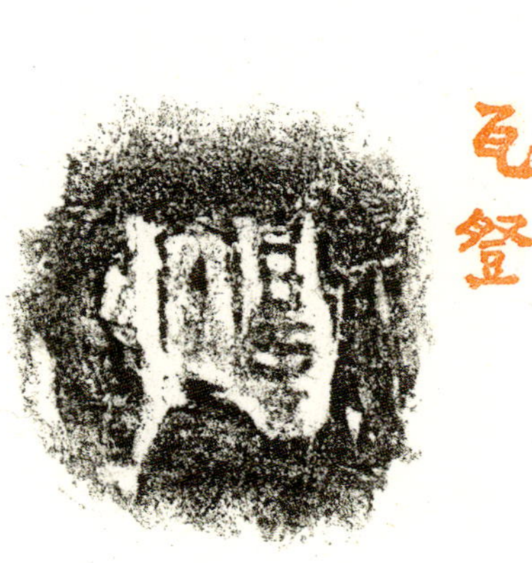

瓦登

編號01469.03.065–01469.03.068

編號01469.03.069–01469.03.072

瓦登

瓦登

瓦登

瓦登

編號01469.03.073-01469.03.076

編號01469.03.077–01469.03.080

瓦登

瓦登

瓦登

瓦登

編號01469.03.081–01469.03.084

編號01469.03.085–01469.03.088

瓦登

瓦登

瓦登

瓦登

編號01469.03.089–01469.03.092

瓦登

瓦登

瓦登

瓦登

編號01469.03.093–01469.03.096

瓦登

瓦登

瓦登

瓦登

編號01469.03.097–01469.03.100

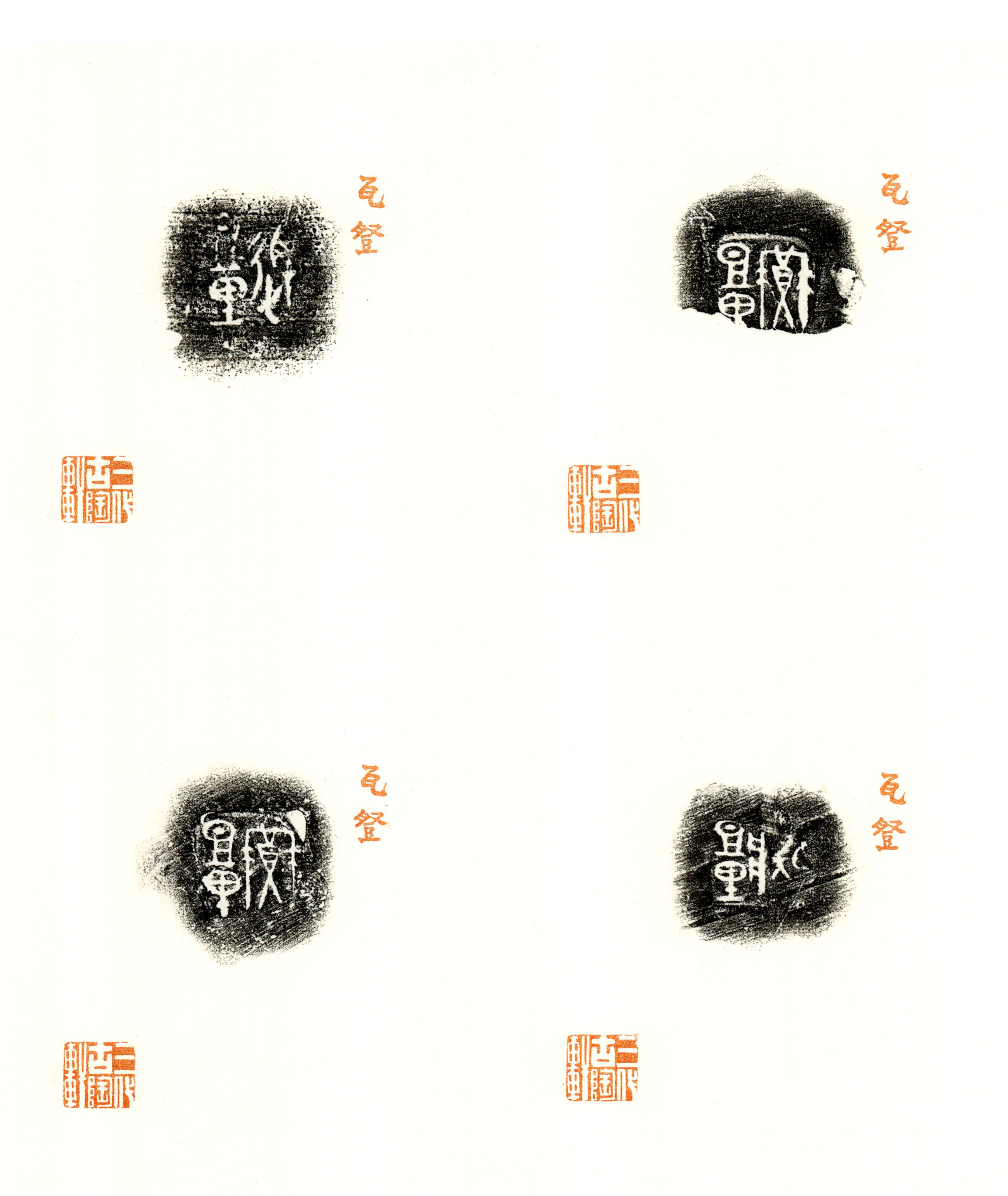

編號01469.03.101–01469.03.104

瓦登

瓦登

瓦登

瓦登

編號01469.03.105–01469.03.108

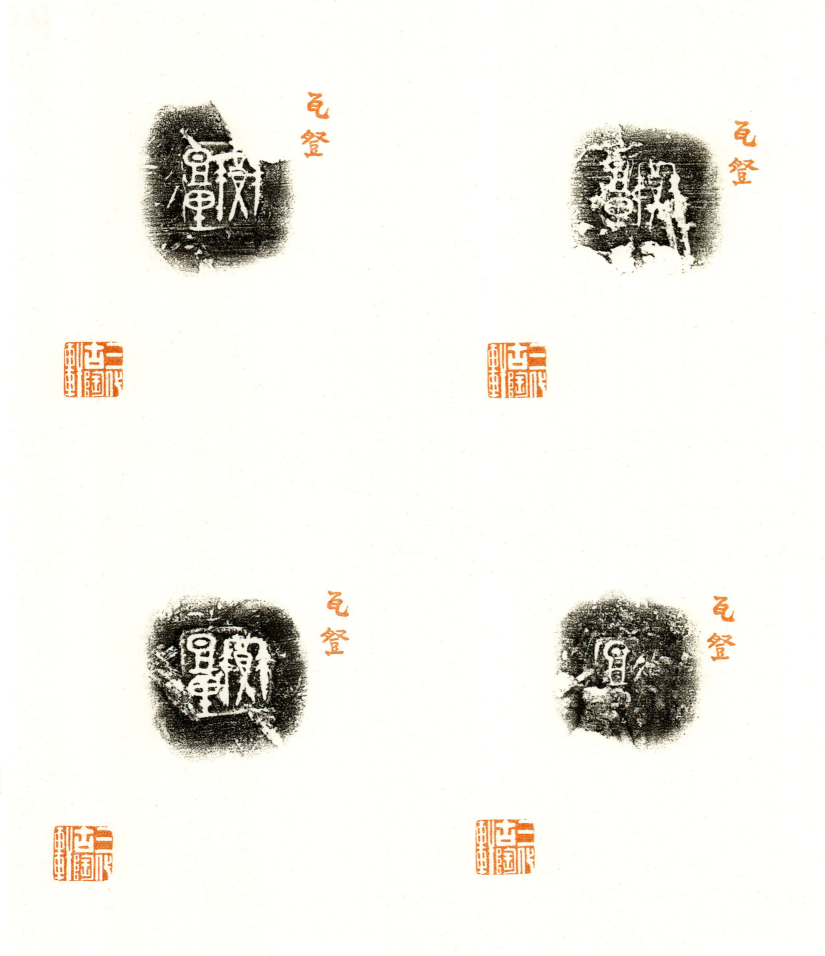

瓦登

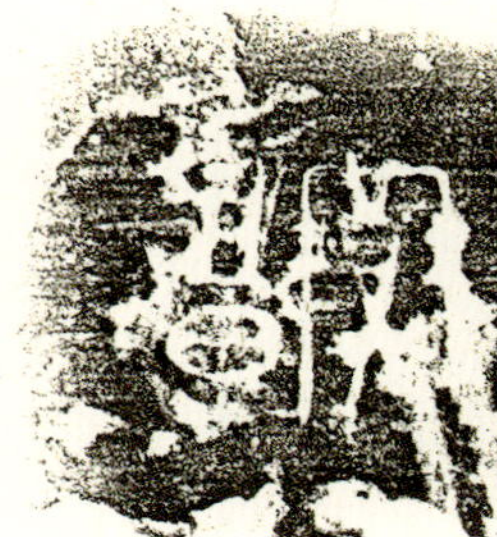

瓦登

瓦登

瓦登

編號01469.03.109–01469.03.112

瓦登

瓦登

瓦登

瓦登

編號01469.03.113–01469.03.116

瓦登

瓦登

瓦登

瓦登

編號01469.03.117–01469.03.120

編號01469.03.121–01469.03.124

瓦登

瓦登

瓦登

瓦登

編號01469.03.125–01469.03.128

瓦登

瓦登

瓦登

瓦登

編號01469.03.129–01469.03.132

瓦登

瓦登

瓦登

瓦登

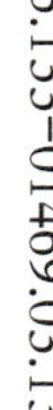

編號01469.03.133–01469.03.136

編號01469.03.137–01469.03.140

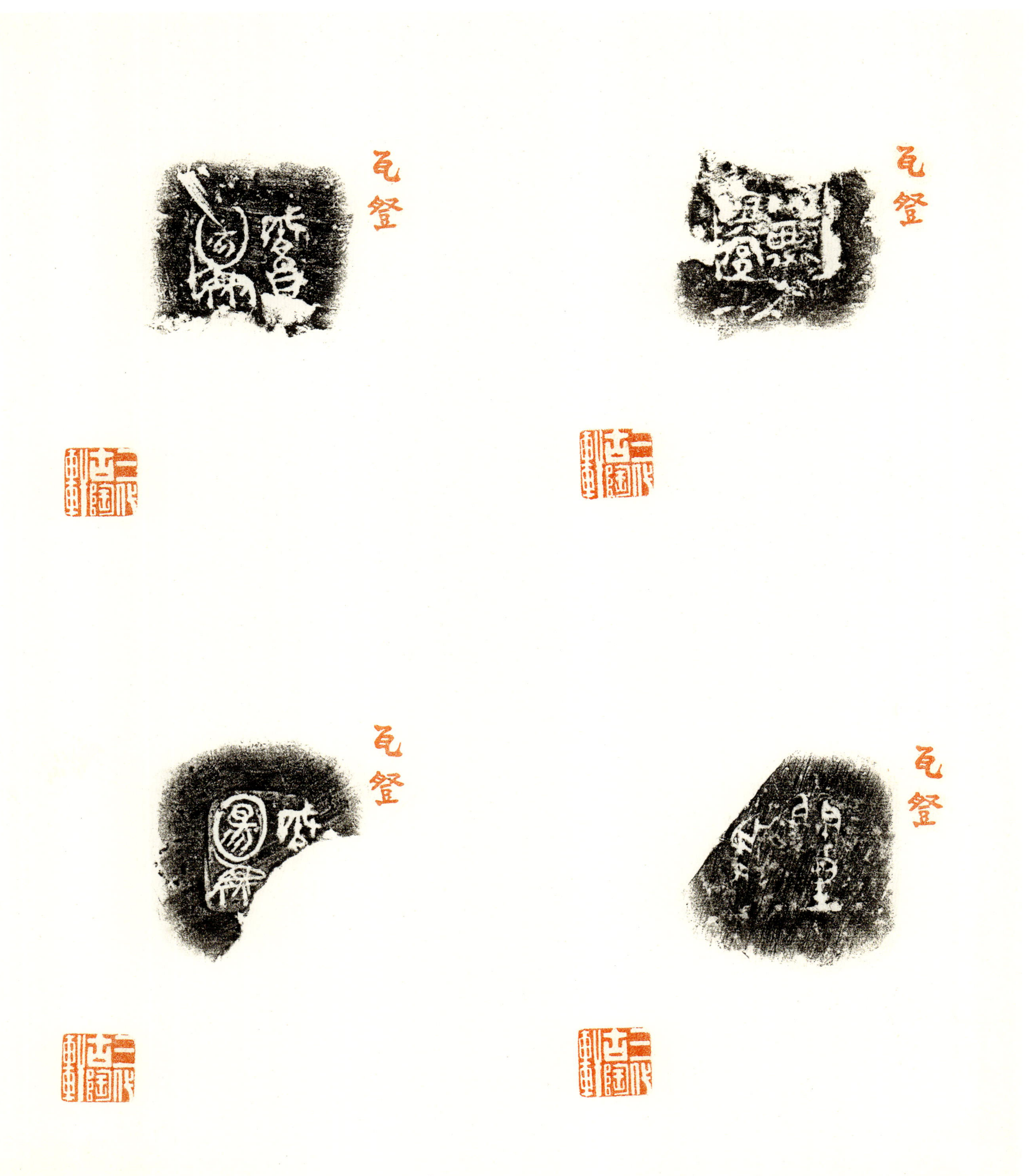

編號01469.03.141–01469.03.144

瓦登

瓦登

瓦登

瓦登

編號01469.03.145–01469.03.148

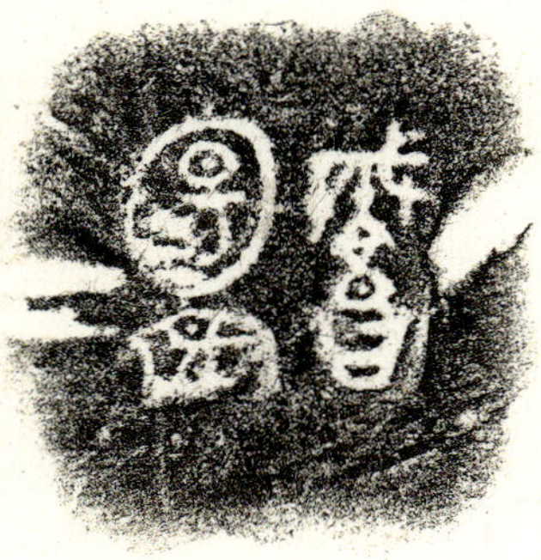

瓦登

瓦登

瓦登

瓦登

編號01469.03.149–01469.03.152

瓦登

瓦登

瓦登

瓦登

編號01469.03.153–01469.03.156

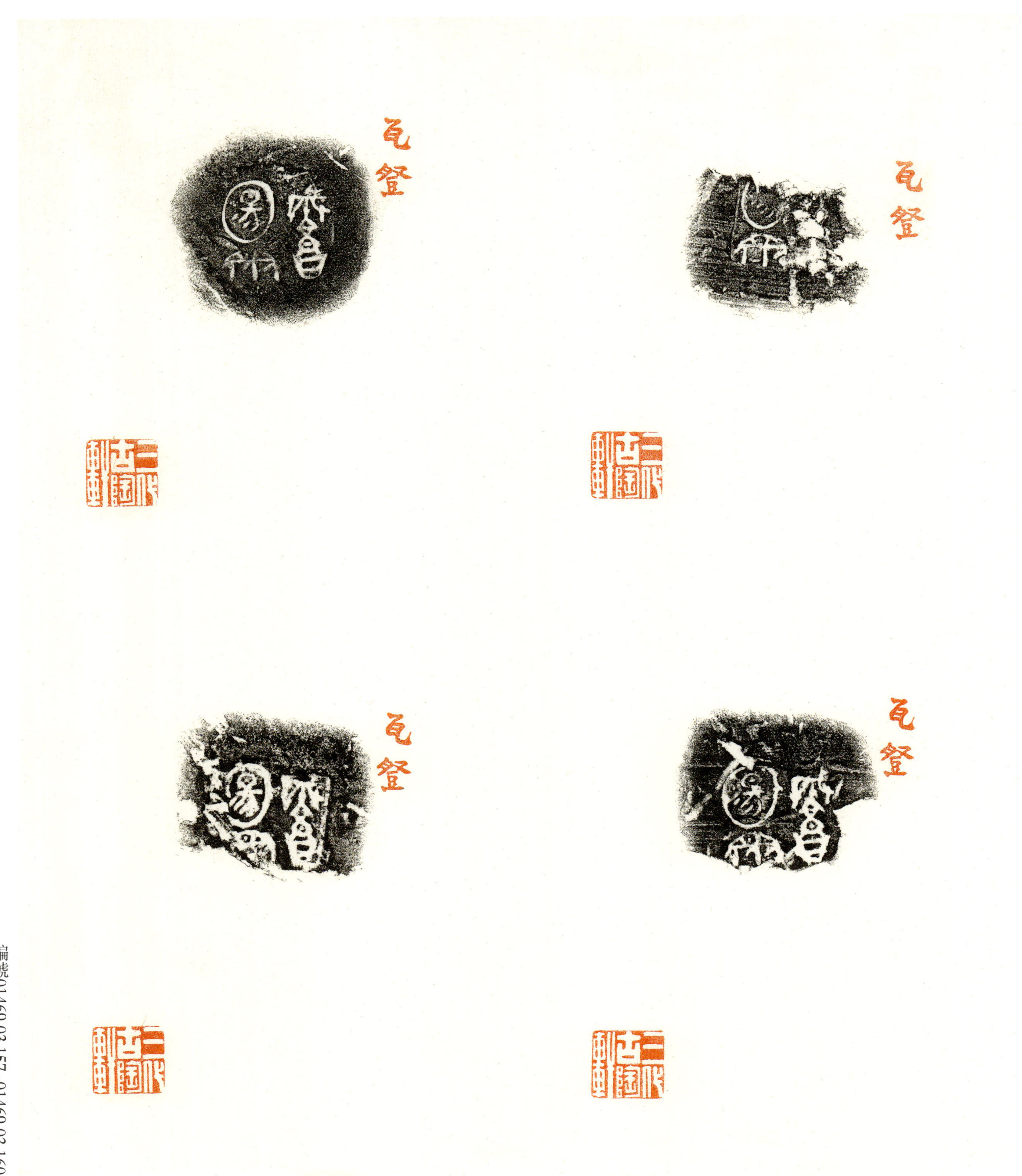

編號01469.03.157–01469.03.160

瓦登

瓦登

瓦登

編號01469.03.161–01469.03.164

瓦登

瓦登

瓦登

瓦登

編號01469.03.165–01469.03.168

瓦登

瓦登

瓦登

瓦登

編號01469.03.169–01469.03.172

編號01469.03.173-01469.03.176

瓦登

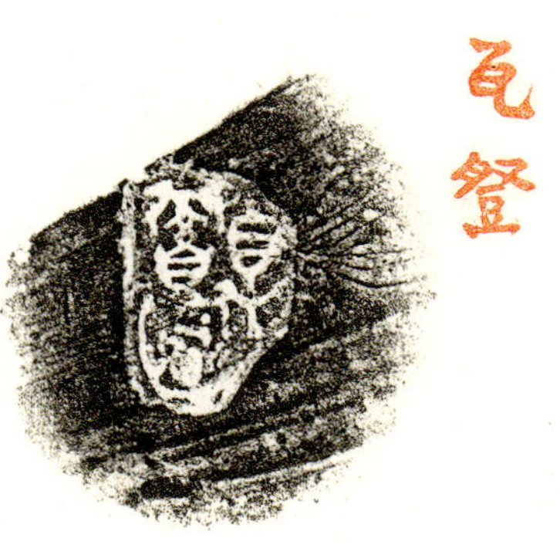

瓦登

瓦登

瓦登

編號01469.03.177–01469.03.180

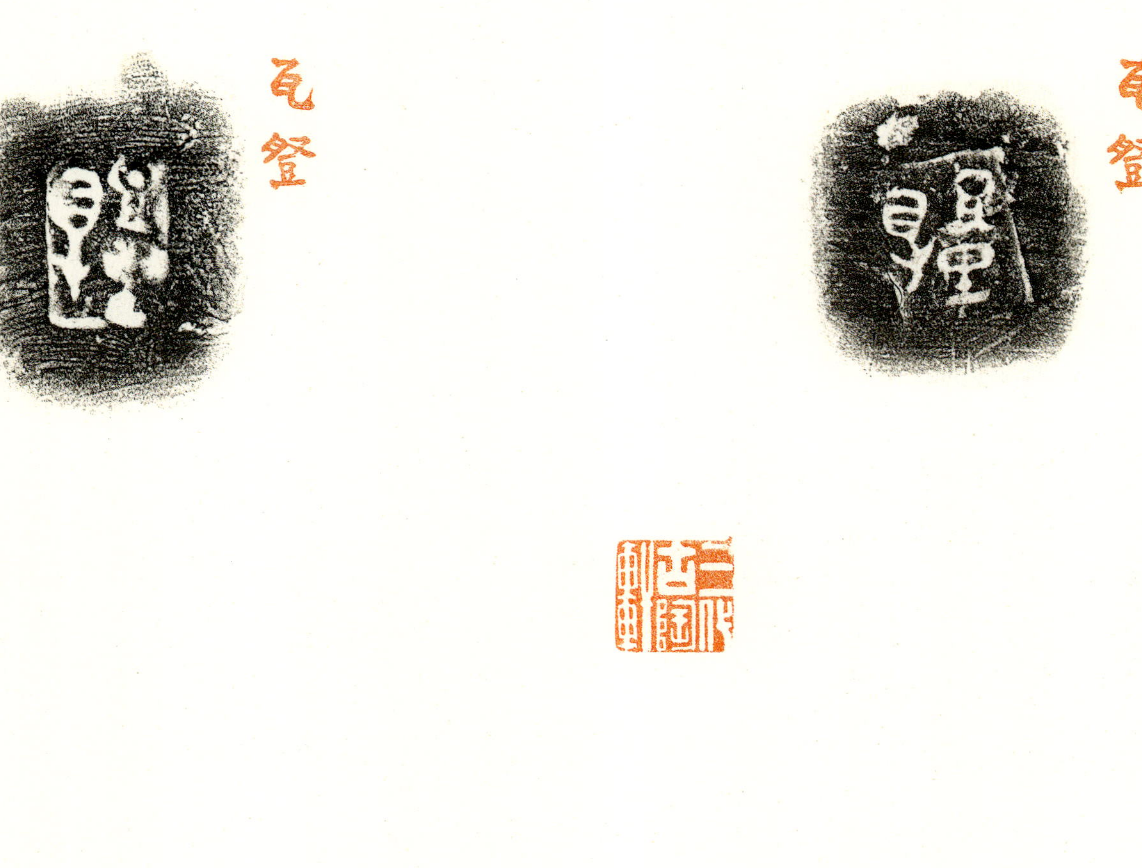

瓦登

瓦登

瓦登

瓦登

編號01469.03.181–01469.03.184

瓦登

瓦登

瓦登

編號01469.03.185–01469.03.188

瓦登

瓦登

瓦登

瓦登

編號01469.03.189–01469.03.192

瓦登

瓦登

瓦登

瓦登

編號01469.03.193–01469.03.196

編號01469.03.197–01469.03.200

瓦登

瓦登

瓦登

瓦登

編號01469.03.201—01469.03.204

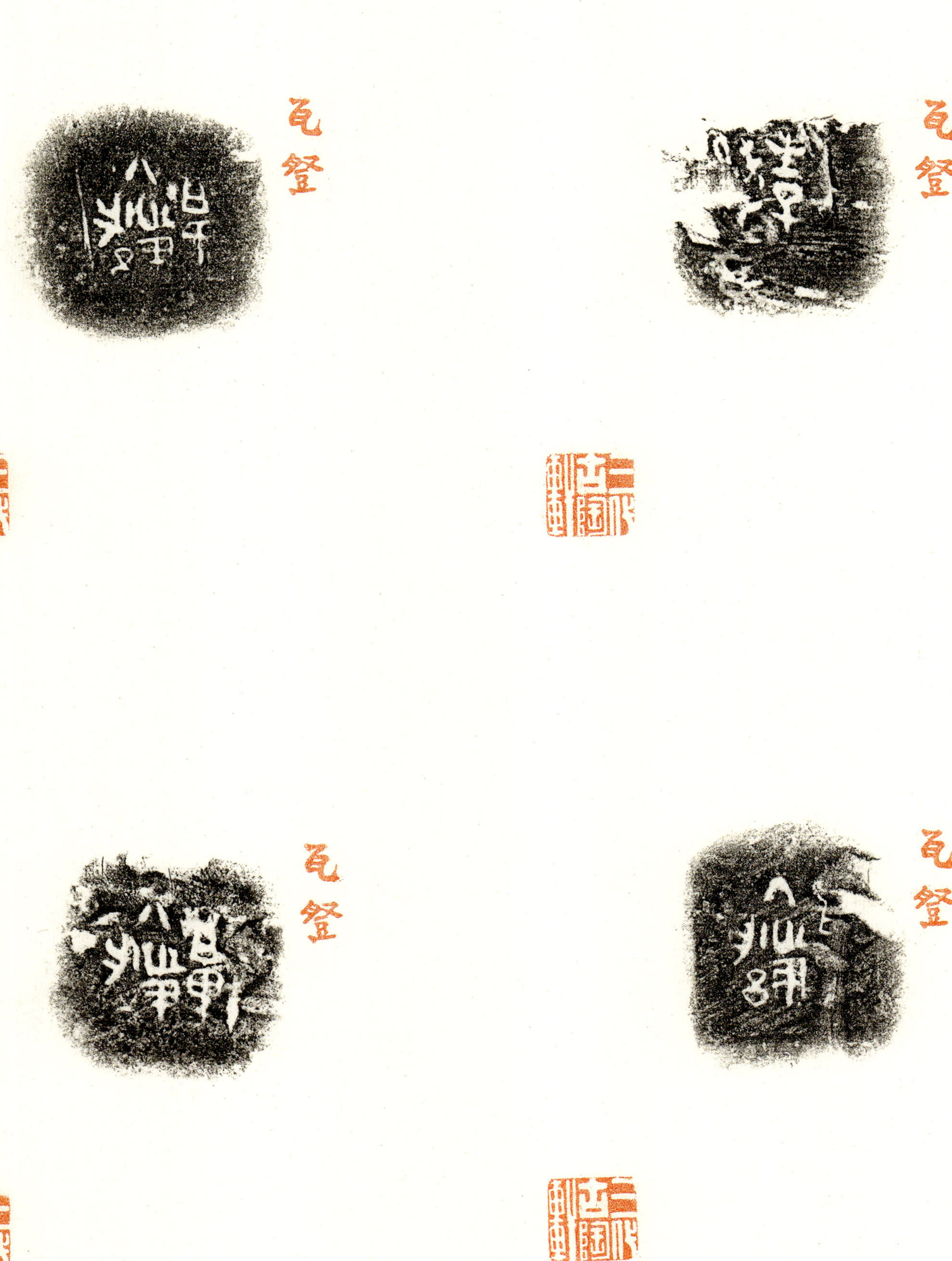

編號01469.03.205–01469.03.208

瓦登

瓦登

瓦登

瓦登

編號01469.03.209–01469.03.212

編號01469.03.213–01469.03.216

瓦登

瓦登

瓦登

瓦登

編號01469.03.217–01469.03.220

編號01469.03.221-01469.03.224

瓦登

瓦登

瓦登

瓦登

編號01469.03.225–01469.03.228

編號01469.03.229–01469.03.232

瓦登

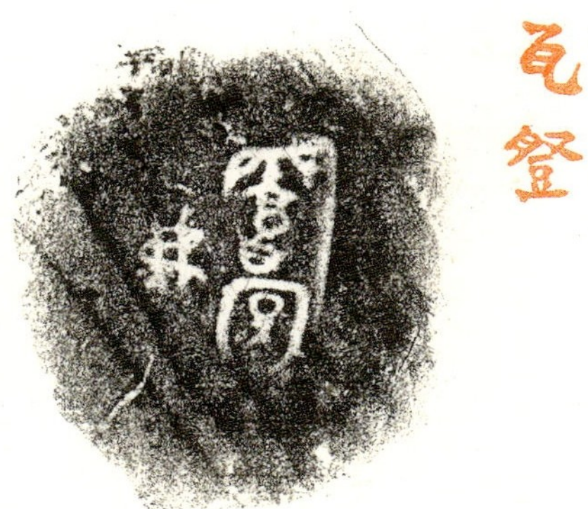

瓦登

瓦登

瓦登

編號01469.03.233–01469.03.236

瓦登

瓦登

瓦登

瓦登

編號01469.03.237–01469.03.240

瓦登

瓦登

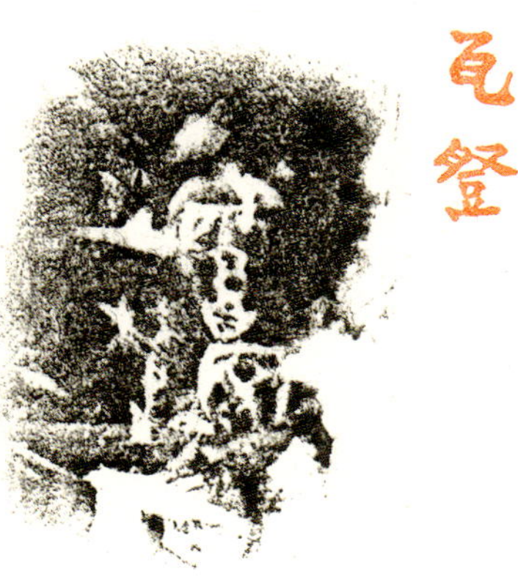

瓦登

瓦登

編號01469.03.241–01469.03.244

編號01469.03.245-01469.03.248

瓦登

瓦登

瓦登

瓦登

編號01469.03.249–01469.03.252

瓦登

瓦登

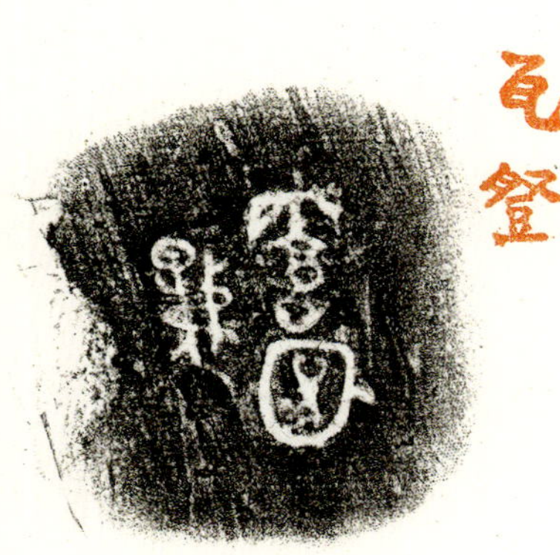

瓦登

瓦登

編號01469.03.253–01469.03.256

瓦登

瓦登

瓦登

瓦登

編號01469.03.257–01469.03.260

瓦登

瓦登

瓦登

瓦登

編號01469.03.261—01469.03.264

瓦登

瓦登

瓦登

編號01469.03.265–01469.03.268

編號01469.03.269–01469.03.272

瓦登

瓦登

瓦登

瓦登

編號01469.03.273–01469.03.276

瓦登

瓦登

瓦登

瓦登

編號01469.03.277–01469.03.280

瓦登

瓦登

瓦登

瓦登

編號01469.03.281-01469.03.284

瓦登

瓦登

瓦登

瓦登

編號01469.03.285–01469.03.288

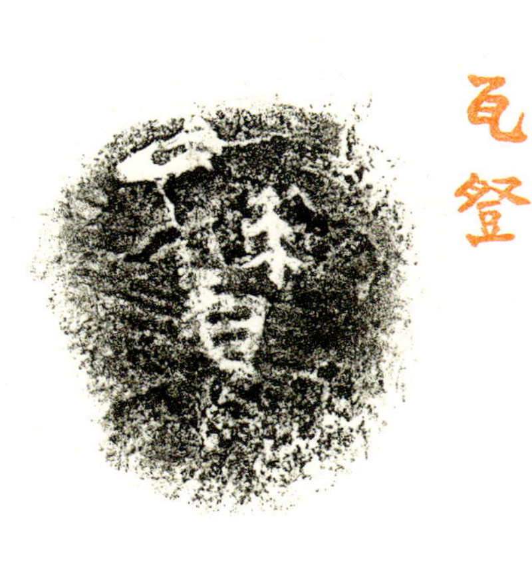

瓦登

瓦登

瓦登

瓦登

編號01469.03.289–01469.03.292

瓦登

瓦登

瓦登

瓦登

編號01469.03.293–01469.03.296

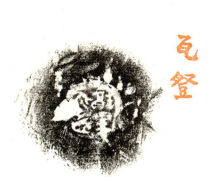

瓦登

瓦登

瓦登

編號01469.03.297–01469.03.300

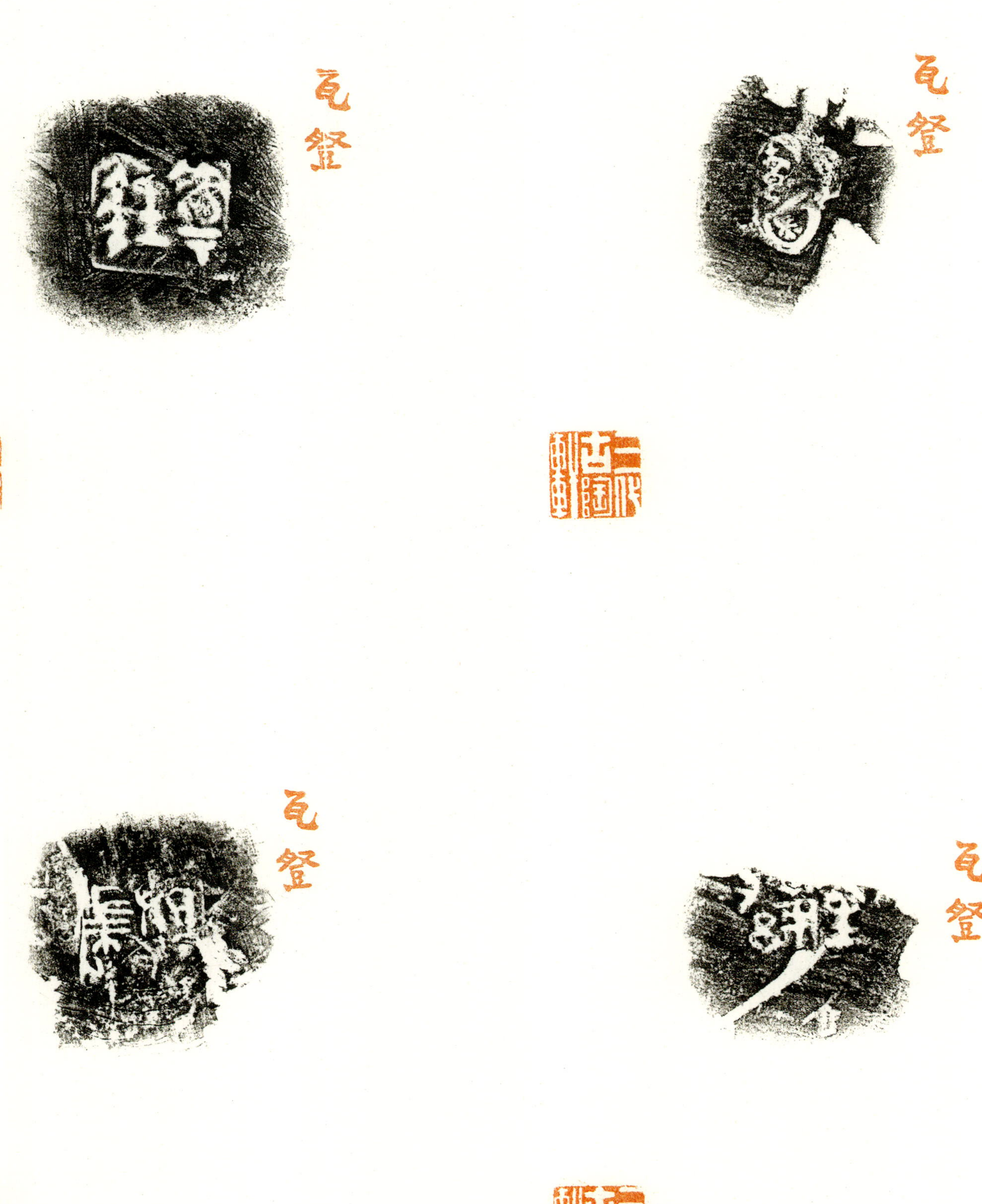

編號01469.03.301–01469.03.304

瓦登

瓦登

瓦登

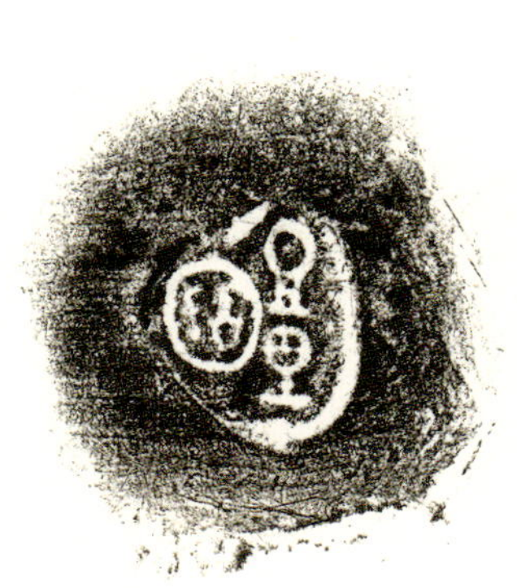

瓦登

編號01469.03.305–01469.03.308

瓦登

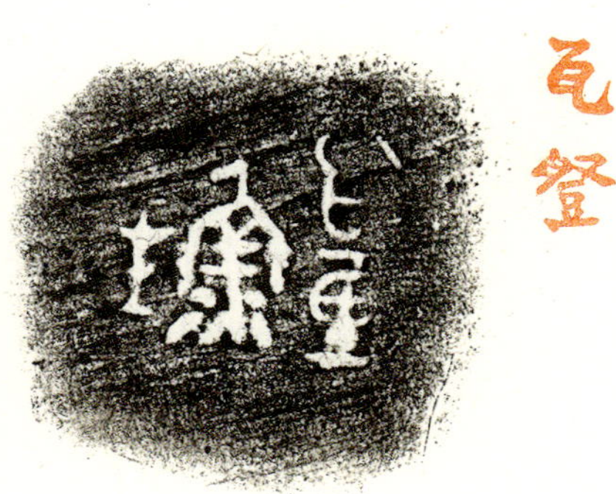

瓦登

瓦登

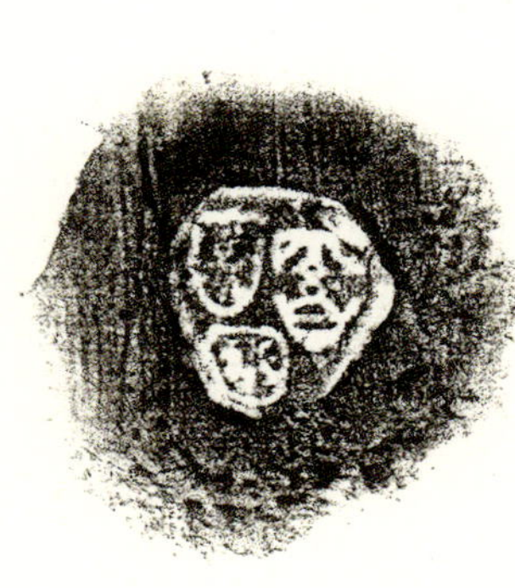

瓦登

編號01469.03.309–01469.03.312

瓦登

瓦登

瓦登

編號01469.03.313–01469.03.316

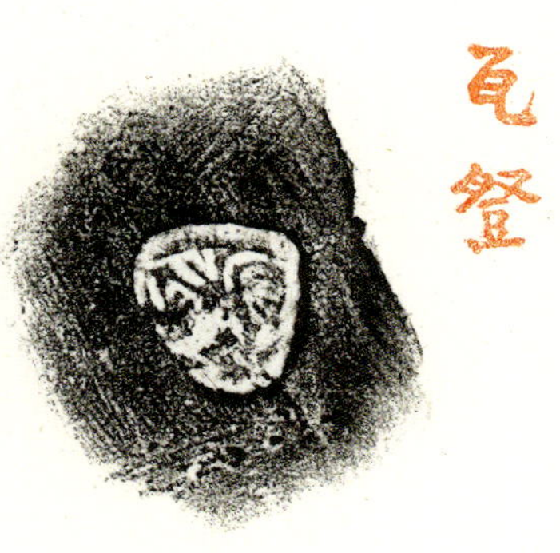

瓦登

瓦登

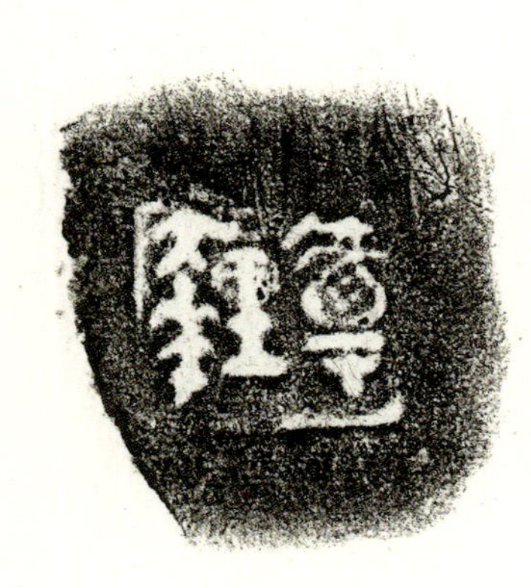

瓦登

瓦登

編號01469.03.317–01469.03.320

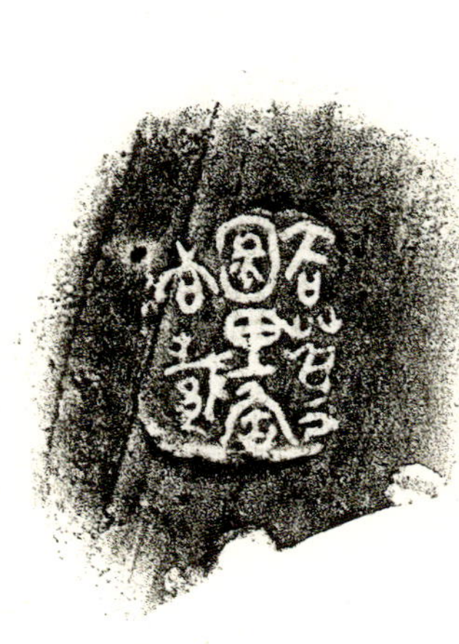

編號01469.04.001–01469.04.004

瓦器

瓦器

瓦器

瓦器

編號01469.04.005–01469.04.008

瓦器

瓦器

瓦器

瓦器

編號01469.04.009–01469.04.012

瓦器

瓦器

瓦器

瓦器

編號01469.04.013–01469.04.016

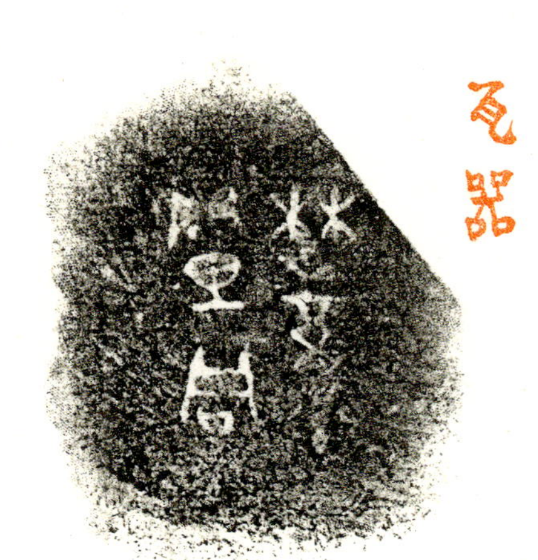

瓦器

瓦器

瓦器

瓦器

編號01469.04.017–01469.04.020

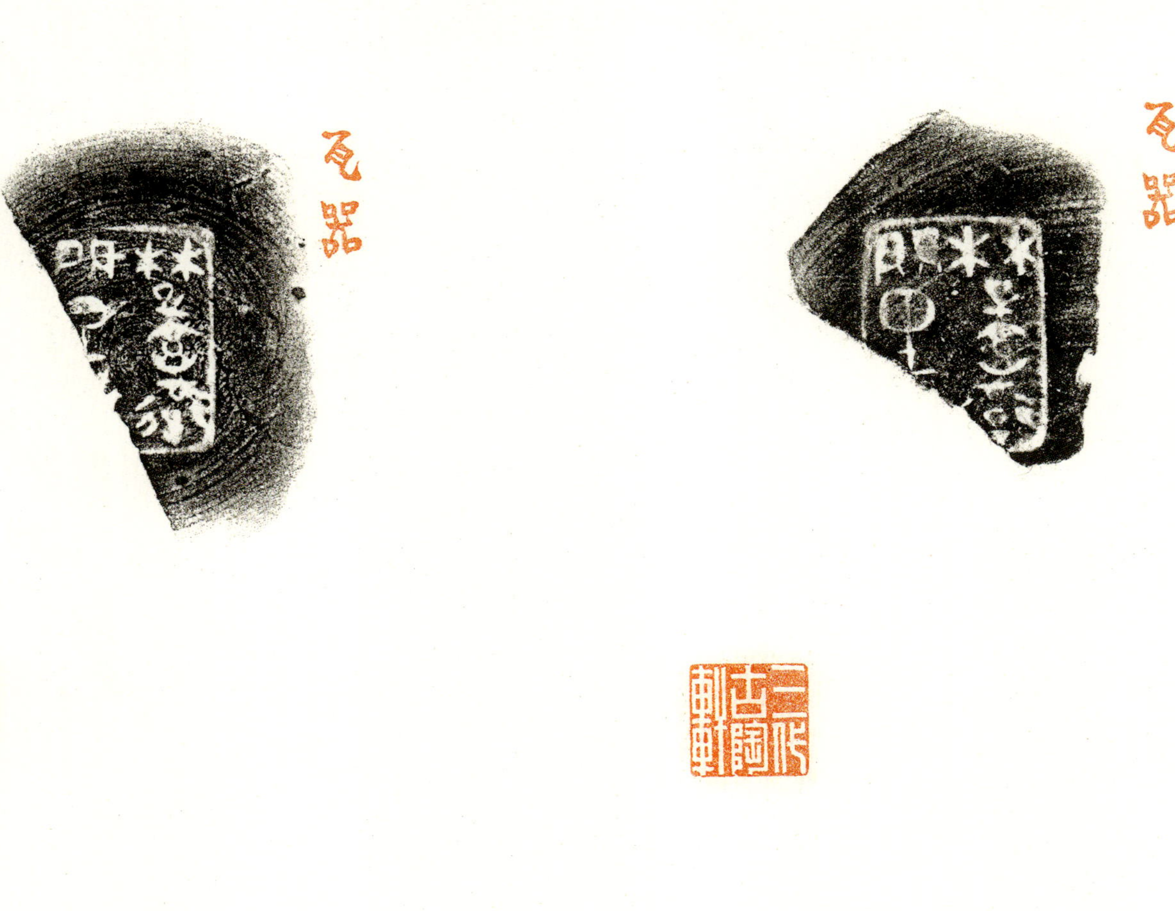

編號01469.04.021-01469.04.024

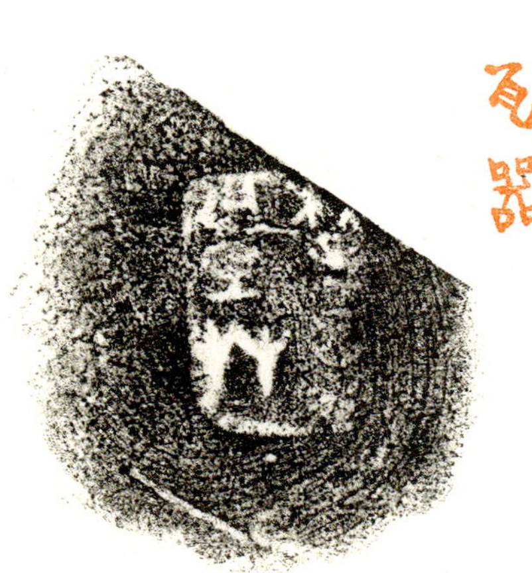

編號01469.04.025-01469.04.028

編號01469.04.029–01469.04.032

瓦器

瓦器

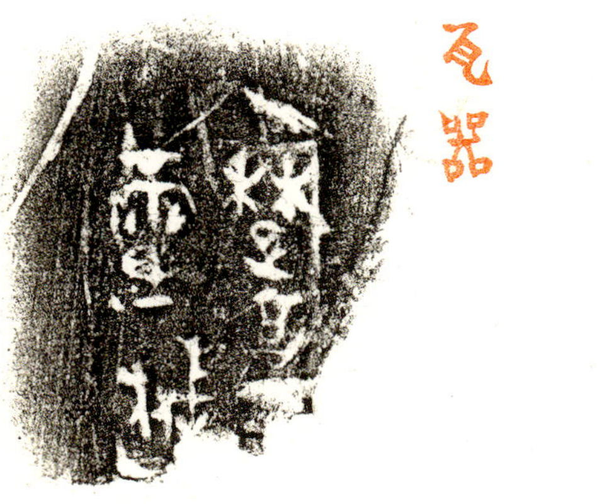

瓦器

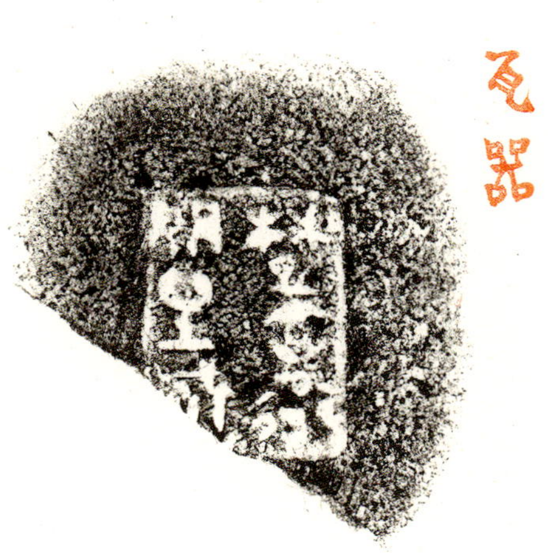

瓦器

編號01469.04.033–01469.04.036

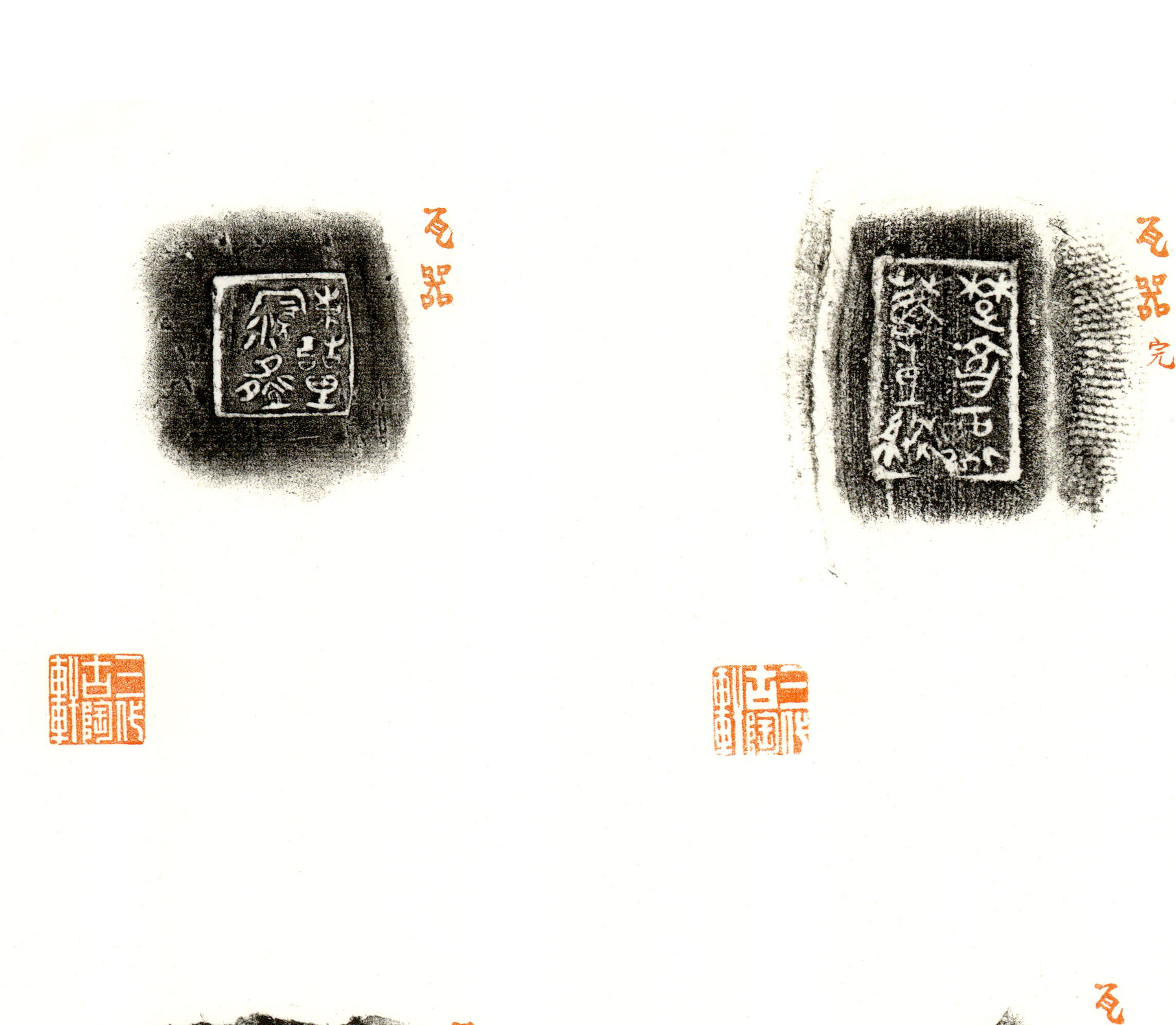

瓦器

瓦器完

瓦器

瓦器

編號01469.04.037-01469.04.040

編號01469.04.041–01469.04.044

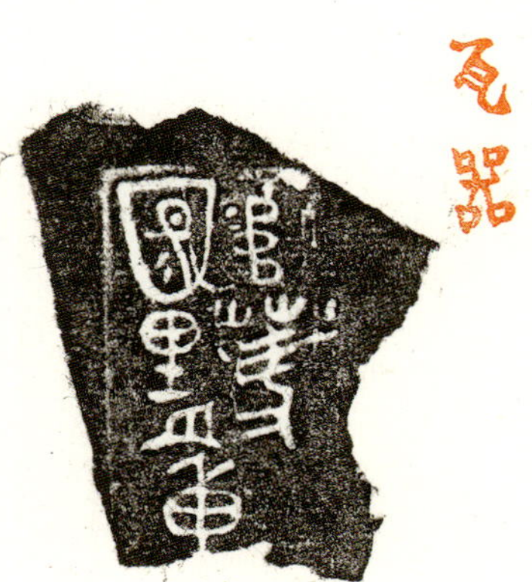

編號01469.04.045–01469.04.048

瓦器

瓦器

瓦器

瓦器

編號01469.04.049–01469.04.052

編號01469.04.053–01469.04.056

編號01469.04.057–01469.04.060

瓦器

瓦器

瓦器

瓦器

編號01469.04.061–01469.04.064

編號01469.04.065–01469.04.068

瓦器

瓦器

瓦器

瓦器

編號01469.04.069–01469.04.072

編號01469.04.073–01469.04.076

瓦器 完

瓦器

瓦器

瓦器

編號01469.04.077–01469.04.080

瓦器

瓦器

瓦器

瓦器

編號01469.04.081–01469.04.084

瓦器

瓦器

瓦器

瓦器

編號01469.04.085–01469.04.088

瓦器

瓦器

瓦器

瓦器

編號01469.04.089–01469.04.092

瓦器

瓦器

瓦器

編號01469.04.093-01469.04.096

瓦器

瓦器

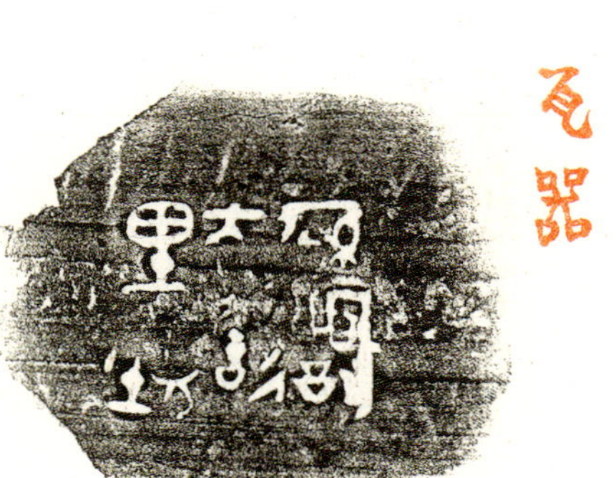

瓦器

瓦器

編號01469.04.097–01469.04.100

編號01469.04.101–01469.04.104

瓦器

瓦器

瓦器

瓦器

編號01469.04.105–01469.04.108

瓦器

瓦器

瓦器

瓦器

編號01469.04.109–01469.04.112

瓦器

瓦器

瓦器

瓦器

編號01469.04.113–01469.04.116

瓦器

瓦器

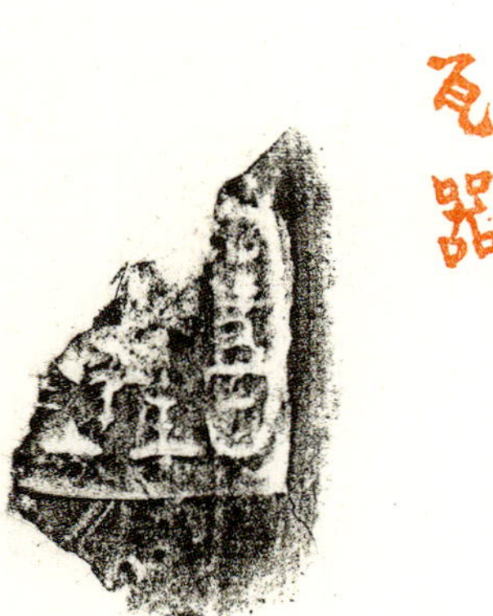

瓦器

瓦器

編號01469.04.117–01469.04.120

瓦器

瓦器

瓦器

瓦器

編號01469.04.121–01469.04.124

編號01469.04.125−01469.04.128

編號01469.04.129–01469.04.132

編號01469.04.133–01469.04.136

瓦器

瓦器

瓦器

瓦器

編號01469.04.137–01469.04.140

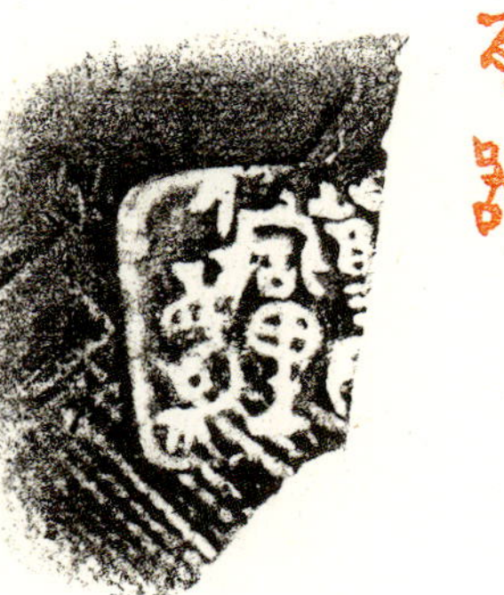

編號01469.04.141–01469.04.144

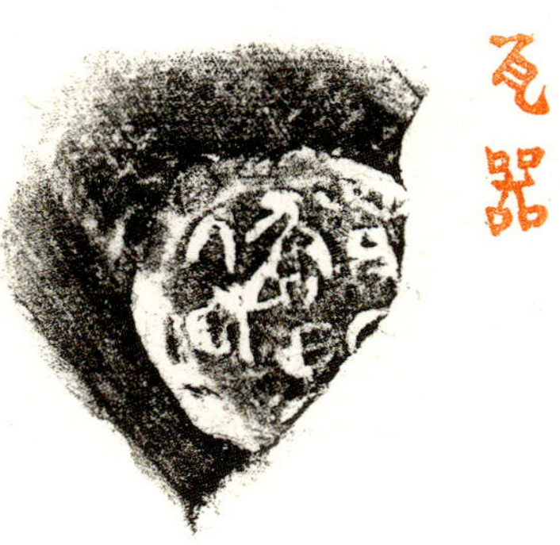

編號01469.04.145–01469.04.148

編號01469.04.149–01469.04.152

編號01469.04.153–01469.04.156

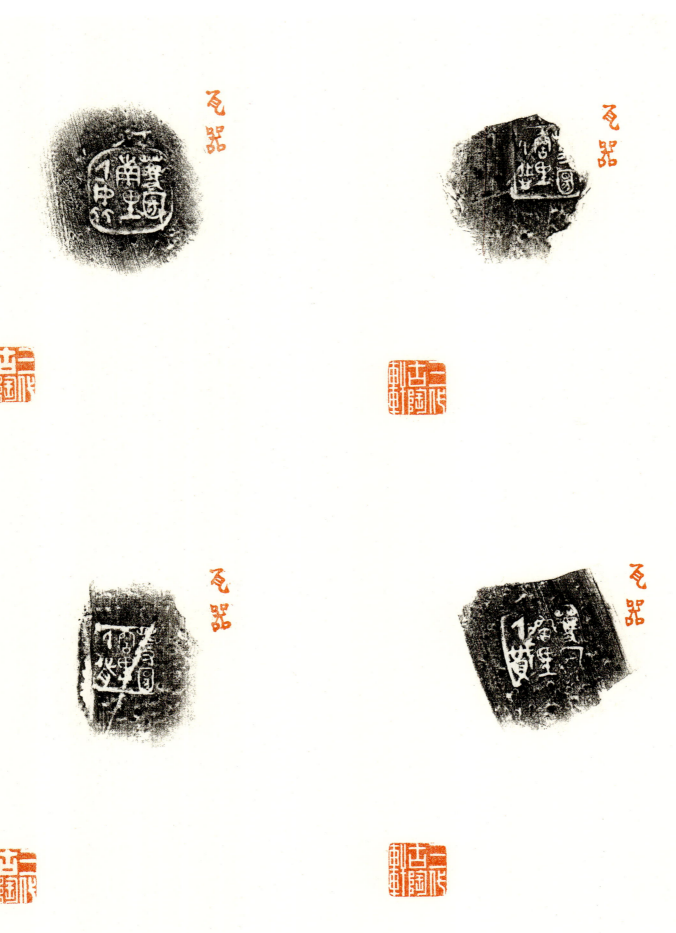

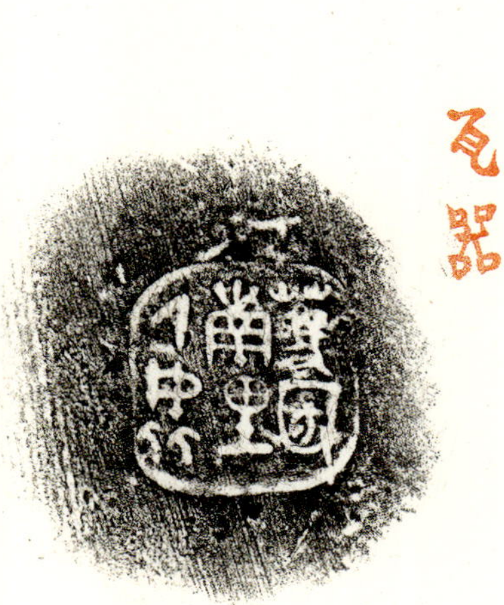

編號01469.04.157–01469.04.160

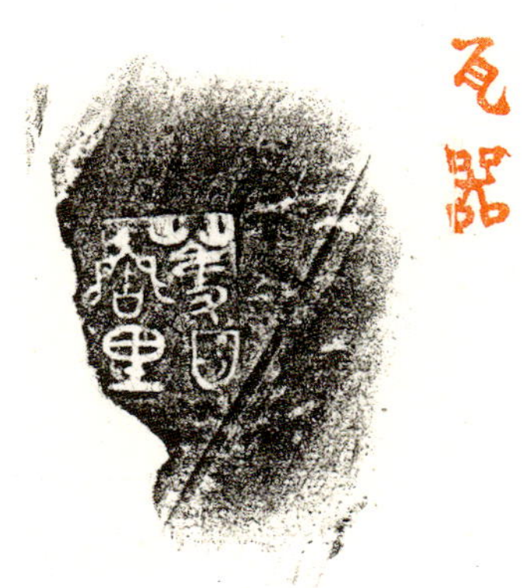

編號01469.04.161–01469.04.164

編號01469.04.165–01469.04.168

瓦器

瓦器

瓦器

瓦器

編號01469.04.169–01469.04.172

瓦器

瓦器

瓦器

瓦器

編號01469.04.173–01469.04.176

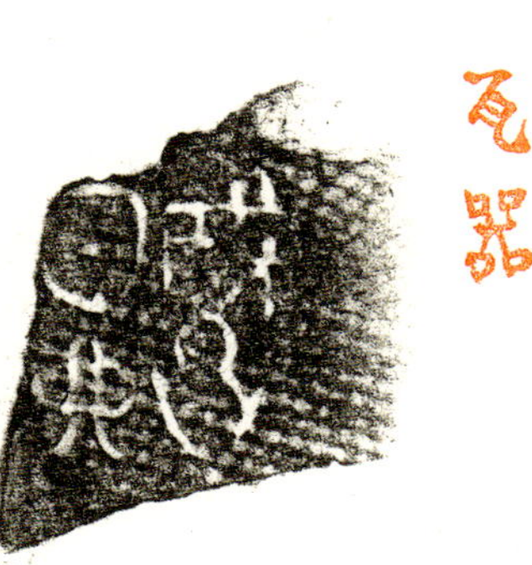

編號01469.04.177–01469.04.180

瓦器

瓦器

瓦器

瓦器

編號01469.04.181–01469.04.184

瓦器

瓦器

瓦器

編號01469.04.185–01469.04.188

編號01469.04.189–01469.04.192

編號01469.04.193–01469.04.196

瓦器

瓦器

瓦器

瓦器完

編號01469.04.197–01469.04.200

瓦器

瓦器

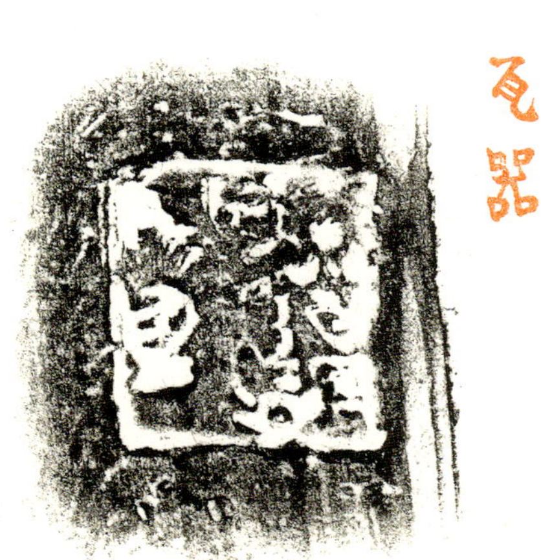

瓦器

瓦器

編號01469.04.201–01469.04.204

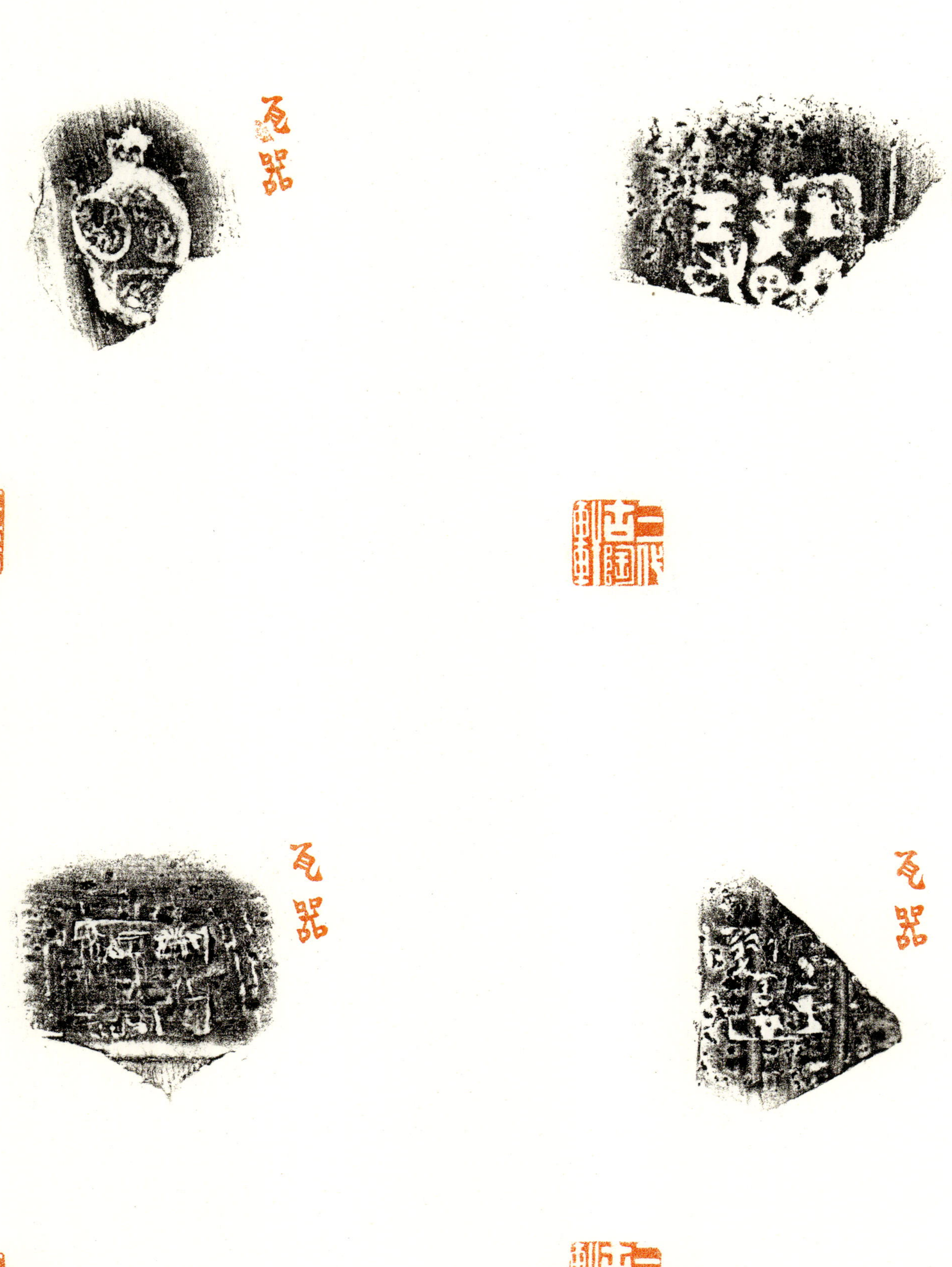

編號01469.04.205–01469.04.208

瓦器

瓦器

瓦器

瓦器

編號01469.04.209–01469.04.212

瓦器

瓦器

瓦器

瓦器

編號01469.04.213–01469.04.216

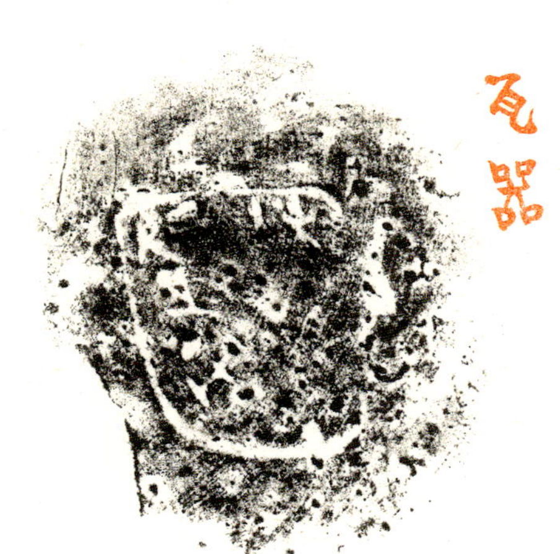

編號01469.04.217–01469.04.220

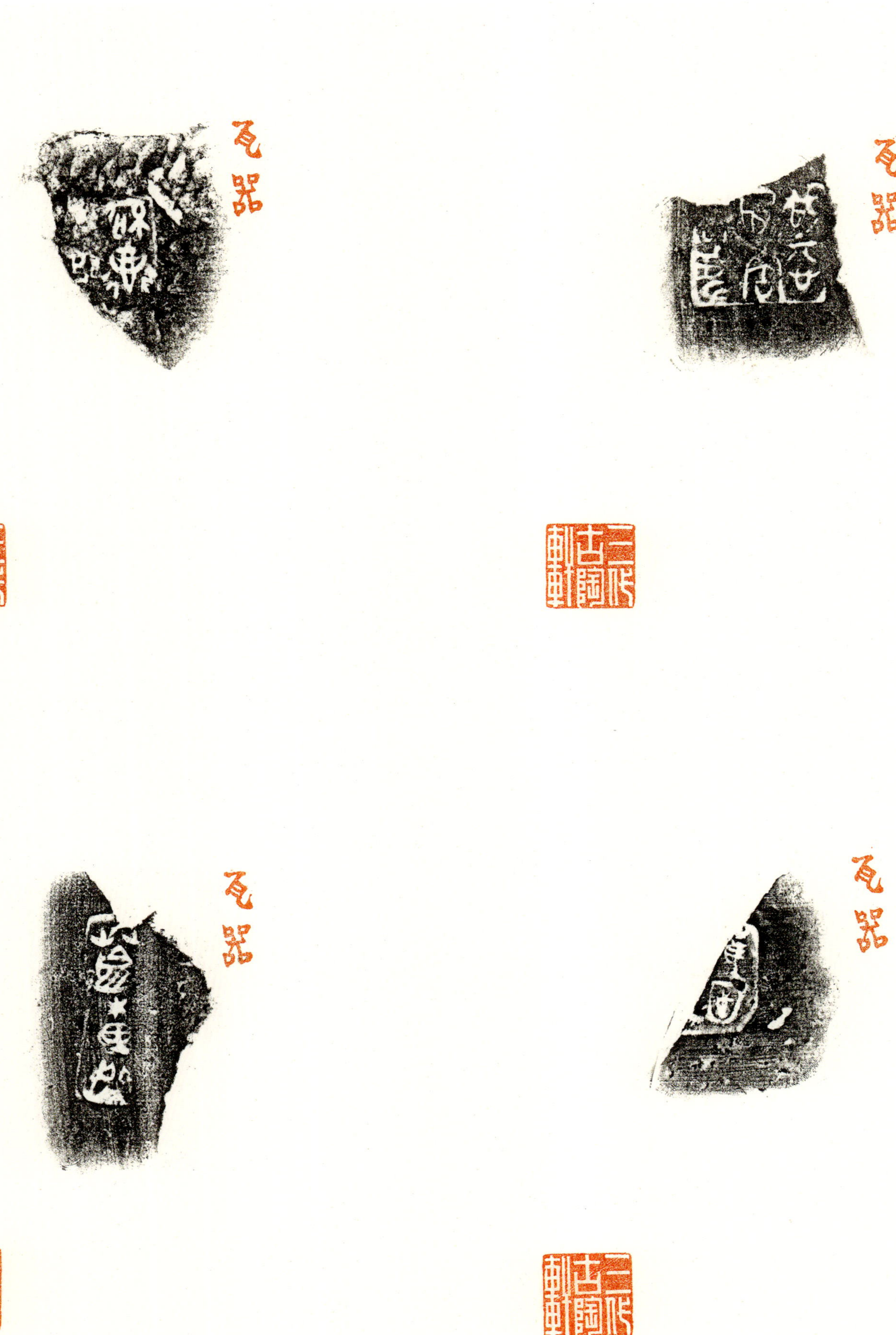

編號01469.04.221–01469.04.224

瓦器

瓦器

瓦器

瓦器

編號01469.04.225–01469.04.228

瓦器

瓦器

瓦器

瓦器

編號01469.04.229–01469.04.232

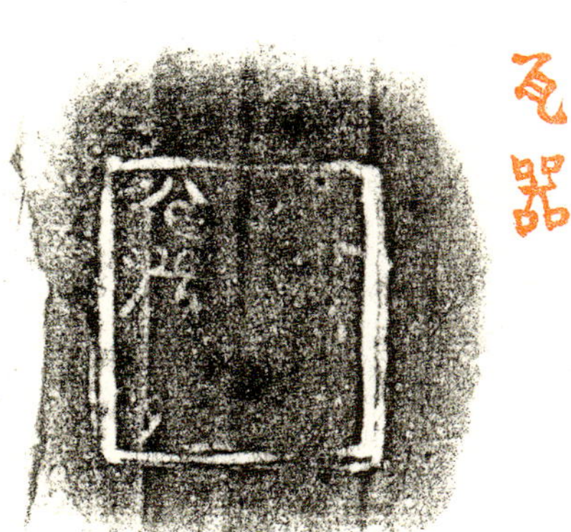

瓦器

瓦器

瓦器

瓦器

編號01469.04.233–01469.04.236

瓦器

瓦器

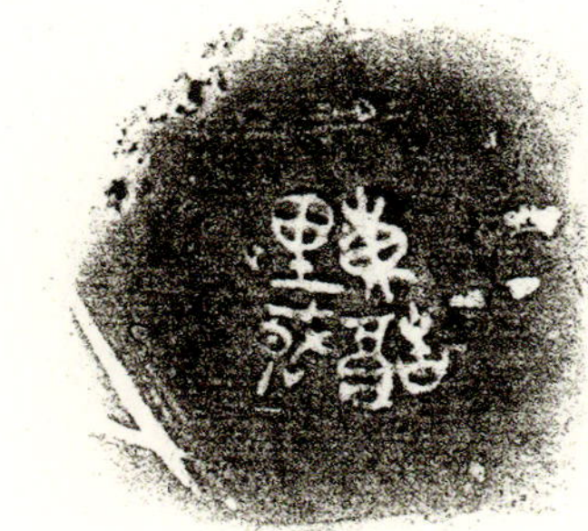

瓦器

瓦器完

編號01469.04.237-01469.04.240

瓦器

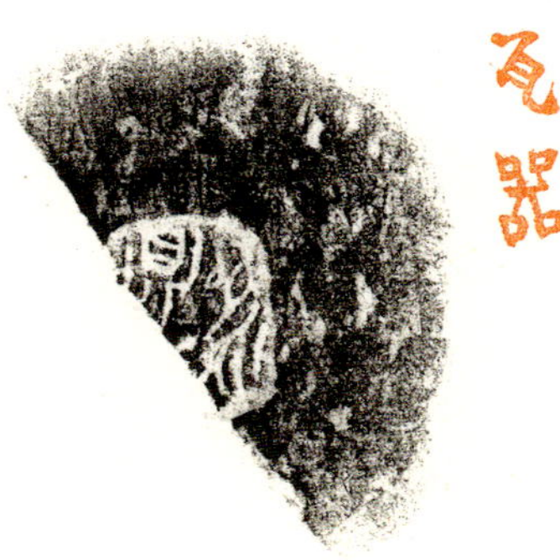

瓦器

瓦器

編號01469.04.241–01469.04.244

瓦器

瓦器

瓦器

瓦器

編號01469.04.245-01469.04.248

瓦器

瓦器

瓦器

瓦器

編號01469.04.249–01469.04.252

瓦器

瓦器

瓦器

瓦器

編號01469.04.253–01469.04.256

瓦器

瓦器

瓦器

瓦器

編號01469.04.257–01469.04.260

瓦器

瓦器

瓦器

瓦器

編號01469.04.261–01469.04.264

瓦器

瓦器

瓦器

瓦器

編號01469.04.265–01469.04.268

瓦器

瓦器

瓦器

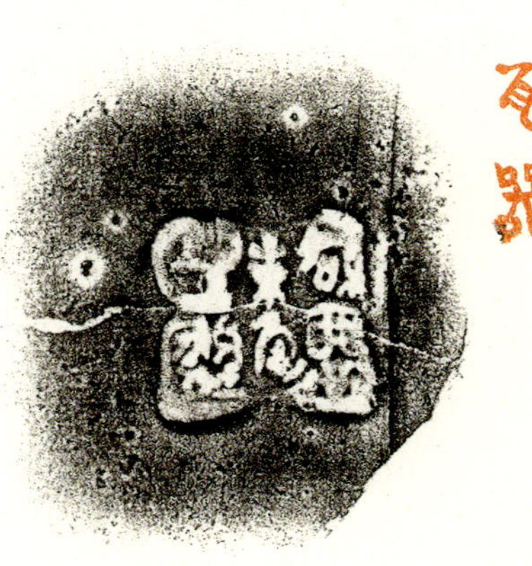

瓦器

編號01469.04.269–01469.04.272

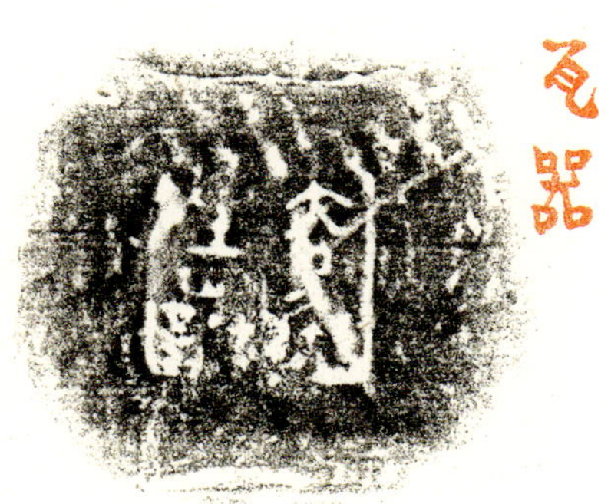

編號01469.04.273-01469.04.276

瓦器

瓦器

瓦器

瓦器

編號01469.04.277–01469.04.280

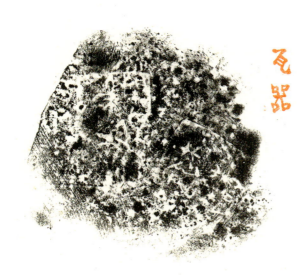

編號01469.04.281–01469.04.284

瓦器

瓦器

瓦器

編號01469.04.285–01469.04.288

編號01469.04.289–01469.04.292

瓦器

瓦器

瓦器

瓦器

編號01469.04.293-01469.04.296

瓦器

瓦器

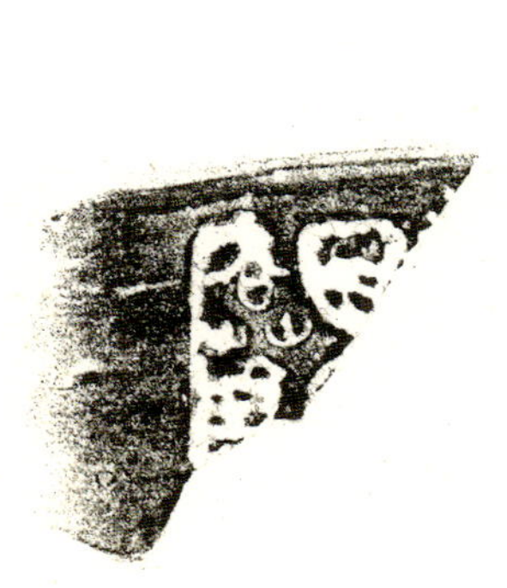

瓦器

瓦器

編號01469.04.297–01469.04.300

編號01469.04.301–01469.04.304

瓦器

瓦器

瓦器

瓦器

編號01469.04.305–01469.04.308

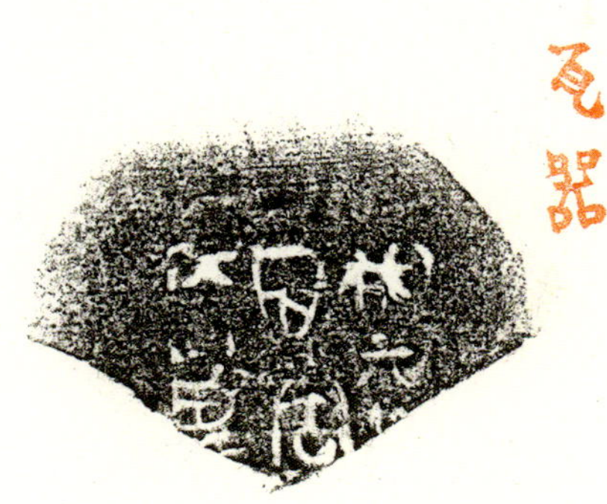

編號01469.04.309–01469.04.312

瓦器

瓦器

瓦器

瓦器

編號01469.04.313–01469.04.316

瓦器完

瓦器完

瓦器

瓦器

編號01469.04.317–01469.04.320